Joyful Life
10

Joyful Life
10

讓花開，成功幸福錢來

從命運的源頭下功夫

你正需要這本書

孩子們很需要這本書

每個人都需要這本書

讓花開，你是生命美好的理由

給自己一個「成功幸福錢來」的人生

源源好運，願望成真，好事成真——把這本書傳出去

涂政源／著

Joyful Life 10

讓花開，成功幸福錢來
從命運的源頭下功夫

作　　者　涂政源
封面設計　林淑慧
特約美編　李緹瀅
特約編輯　胡琡珮
主　　編　高煜婷
總 編 輯　林許文二

出　　版　柿子文化事業有限公司
地　　址　11677臺北市羅斯福路五段158號2樓
業務專線　（02）89314903#15
讀者專線　（02）89314903#9
傳　　真　（02）29319207
郵撥帳號　19822651柿子文化事業有限公司
投稿信箱　editor@persimmonbooks.com.tw
服務信箱　service@persimmonbooks.com.tw

業務行政　鄭淑娟、陳顯中

初版一刷　2020年01月
定　　價　新臺幣300元
I S B N　978-986-98513-2-9

歡迎走進柿子文化網　http://www.persimmonbooks.com.tw

～柿子在秋天火紅 文化在書中成熟～

國家圖書館出版品預行編目(CIP)資料

讓花開，成功幸福錢來：從命運的源頭下功夫／涂政源著. -- 初版. -- 臺北市：柿子文化，2020.01
面；　公分. --（Joyful life；10）

ISBN 978-986-98513-2-9（平裝）

1.成功法 2.生活指導
177.2　　108020106

Contents

Part 1 磨亮璀燦人生——成功幸福錢來

Part 2

來，你來，站上高峰

——壯大自己的能力、實力、財力和心理素質，成為能力大大、脾氣小小、智慧高高的人！

Part 3

美麗人生——做個幸福的有錢人，幸福就是幸運加上福氣！

自序

做個「幸福的有錢人」

——用愛、金錢和智慧，幸福自己，也幸福別人

就讀研究所時期的教授，邀請我到他住的城鎮演講。演講結束後，特別請我到他家中坐坐。

剛坐下，教授就向我恭喜，我尚未反應過來何喜之有？教授立即說：「看到你的演講深獲好評，同時聽見你如此震撼的見解，很是高興。」教授接著說：「你是帶著『天命』來出生的。」其實，我只是對心靈、企管和教育充滿熱愛學習的心，談不上天命之說。

從一個喜歡聽演講的人，變成受邀演講的人。

從一個喜歡買書看書的人，變成寫書出書的人。

從一個從事建築工程的人，變成作家、大學老師，受邀演講關於心靈、企管、教育、生命覺醒課題的人。

這一轉變只是我熱愛學習而自然地發生——脫胎換骨。

年輕時，喜歡探討如何活出美好人生。

進入職場，喜歡探討如何活出成功人生。

當了員工、父母和老師，喜歡探討古今中外卓越人士的觀點與作法。

如果你跟我一樣做了上面的事情，不管你扮演什麼角色，它們將成為你人生最珍貴、最重要的資產。人生大部分的問題，都是少了一段自己探討人性、學習成功、追求卓越的旅程。

熱愛學習和閱讀，懂得活用學到的知識；敢去經驗歷練新事物新角色，勇敢挑戰自我的勇氣；對瞭解人性心理和人類行為求知若渴……。這是我以往所過的日子和長期的生活方式。

學習不能中斷，進步不能停滯；綻放自己的精彩，活出美麗的人生；做個幸福的有錢人，你要的美好就會到來。

《讓花開，成功幸福錢來》是一本很棒的書，一本為你而寫的好書，去過這樣的人生，去讓它真實發生。讓自己更好，跟他人分享美好，和人們一起共好。

人生最高定律：你給出去的，會回到你身上——珍貴換來珍貴，請銘記於心。

美麗人生定律：做個幸福的有錢人——用愛、金錢和智慧，幸福自己，也幸福別人。

一起成功幸福錢來　涂政源上

前言

綻放你的精彩

——給自己一個成功幸福錢來的人生

「相信」自己會很成功，
「篤定」自己會很有錢，
「允許」自己會很富裕，
「感覺」自己很成功、很有錢、很富裕、很幸福。

在每一次的上課和演講中，我都會秀出一張簡報，內容是這樣：

「學習」，是人生最好的享受。
「閱讀」，是生命最高的品味。
「活出成就感和分享生命的美好」，是當人最大的快樂。

當我講解完這張簡報，接著我會問聽眾：「除了上面這些事，還有一件事是人生最好的享受、最高的品味以及最大的快樂，是什麼呢？」

聽眾們會講出他們的欲望和渴望，講完後會期待我的答案，我跟他們說：「聽我的演講和看我的書，是人生最棒的享受！」通常話剛說完大家就會哄堂大笑，同時響起如雷掌聲。

女兒高中畢業出外就讀大學時，我跟她說：「把我的書帶上去，有空就多看看。」這就是我寫書和出書的動機之一：跟自己的孩子和人們分享我的愛、智慧洞見和正能量。

你能愛上我的書，持續閱讀這本書，把書中的訊息充分用出來、活出來，你一定可以：

在人生的舞台：綻放自己的精彩。

在成功至上的世界：功成名就財富錢來。

在與自己和人們的關係對待中：感恩幸福，歡喜快樂。

人生沒有絕望，改命造運的祕密就在你的思想、情感、行為和話語裡，它們是你命運的源頭，從命運的源頭下功夫，這是活出美好人生的最高奧祕。

《讓花開，成功幸福錢來》這本書是為「提升、美好、完善」你的思想、情感、行為、話語而寫，目的是要讓你：召來幸運福氣，吸引金錢財富；創造成功成就，活出幸福快樂；跟人分享生命的美好，既喜歡自己又討人歡喜。

你是繁花盛開的原因，你是豐盛富裕的源頭，你是自己和家人幸福快樂的泉源，你如此善良又有能力，沒有理由老天不眷顧著你、不賜福給你。只要你從命運的源頭開始下功夫，成功、幸福、金錢自然為你源源到來。

「相信、篤定、允許、感覺」是你吸引美好和創造成功財富的四大磁吸能量。「相信」自己會很成功；「篤定」自己會很有錢；「允許」自己會很富裕；「感覺」自己很成功、很有錢、很富裕、很幸福。能量就是養分，你需要餵養身體更多「磁吸美好」的能量養分。能量要強，養分要多，成功富有就會發生在你身上。你的能量來自你的思想、情感、行為、話語，別餵錯和餵了不好的能量養分給你的身體，否則吸引來的和發生的將會是你不想要的。

現在就去學、去做、去行動，同時結合「相信、篤定、允許、感覺」的磁吸能量。你的身體本來就擁有創造和吸引一切美好的能量和力量，去結合能量、活用力量，你一定會磨亮自己光明璀燦的人生。

你能把這本書讀上十遍百遍，十分篤定你會好事成真，百分之百成功幸福一定錢來，一輩子活在豐盛富裕的福分裡。

讓花開，綻放自己的精彩，活出生命的美感，給自己一個成功幸福錢來的人生升，這是你跟自己：今生最美麗的約定。

Part 1

磨亮璀燦人生

成功幸福錢來

1 讓花開，成功幸福錢來

——從「命運的源頭」下功夫

思想：我要學習、我要進步、我要更好。
情感：洋溢好心情，讓人快樂，給人好感覺。
行為：利益他人、成就自己。
話語：樂觀、幽默、正向，讓人舒服自在。

成為「富有的成功者」和「幸福的智者」是我上課和演講的主軸。富有的成功者是個行動者；幸福的智者是個學習者。任何想要活出成功和幸福的人都要把「行動者」和「學習者」這兩個角色設定好、扮演好。

能創造大量金錢的人，是富有的成功者；能活出快樂感受的人，是幸福的智者。當我問聽眾，我是屬於哪一個？他們異口同聲地說：「幸福的智者。」理由是我很有智慧。對此，我歡喜微笑。能富有又幸福地活著，是我要和聽眾、讀者一起達成的人生目標。

◆◇◆◇◆◇◆◇◆

漫長的人生，人最怕：自卑、安逸不想勞動、活不出成就價值。

成功的世界，人最怕：沒有學習熱情和求知渴望、沒有目標和夢想、沒有雄心壯志的企圖心和行動力。

持續學習、精益求精就跟呼吸一樣自然，這是美麗人生「成功幸福錢來」的開端。學習，是為了綻放精彩；活著，是為了親吻幸福的味道。學習時，理解力和融會貫通的能力沒有啟發出來，往後的工作很難交出一張漂亮的成績單。活著時，沒有對自己的優勢、強項和缺點下功夫，往後的日子很難擁有一個幸福的人生。

不管活到幾歲，都要學習逼自己一把，用時間累積更大實力、更多自信和更高智慧——人生的考驗根本沒有畢業的一天。得過且過、能混則混，找不到學習的焦點和熱情，沒有花開的人生一點也不美麗。

要綻放精彩，要親吻幸福的味道，你可以這樣做：

你學習的事物：要能厚植自己的知識、技能和創造力。

你經歷的事：要能提升自己的格局和眼界。

你提供的東西：要被眾人需要、喜歡。

你做事情的態度：要廣受好評。

你為人處世：要令人敬重。

你的目標和方向：要明確顯現，成就自己是為了造福他人。

你說出口的話和內心講給自己聽的話：要積極、樂觀、開朗。

你的頭腦：要看見目標達成和夢想實現的畫面。

你的心：要時時感受到願望成真的美好和喜悅。

你要相信自己的能力，展現出全力以赴的熱情能量。

你是人生成功富有的源頭，請依賴你的行動，別想依賴他人。
你是生命綻放精彩的主角，請回到自己身上找答案、找鑰匙。

上述功課，你能做好做滿，你既是花也是蝴蝶，且讓花盛開再翩翩起舞，精彩富有的人生由你帶頭演出。今日世界，沒能綻放自己的精彩，沒有「成功幸福錢來」的人生，人不會快樂，人生不會好玩。

◆◇◆◇◆◇◆◇◆

人的一生要活得好、過得好，必須做好兩項工作：一項是把「工作和角色」做好；一項是「從命運的源頭下功夫」。

命運的源頭就是你的「思想、情感、行為和話語」，你必須永不停息地提升和美好它們。能做好這兩項工作，人生就會愈過愈美好；這兩項工作做不好，人生就會過不好、不好過。

思想：我要學習、我要進步、我要更好。

情感：洋溢好心情，讓人快樂，給人好感覺。

行為：利益他人、成就自己。

話語：樂觀、幽默、正向，讓人舒服自在。

「思想、情感、行為和話語」，是生命中一切問題的起因也是解答的鑰匙，是創造美好也是破壞美好的根源。成功與失敗，快樂與痛苦，幸運與不幸，有錢與沒錢，都可以從你的思想、情感、行為和話語中找到原因和解答：「命運的源頭」由此揭開。

你的身體是個「能量體」。能量蘊藏於內是你的「思想和情感」，展現於外是你的「行為和話語」。這蘊藏於內和放射出去的能量，會吸引同質性的人事物來到你的生命中。

想活出美好、吸引美好、擁有美好，你就必須對著自己的能量下功夫，去提升它們、美好它們、完善它們。

提升和美好自己的思想、情感、行為和話語，目的就是要改變和揚升自己身體的磁場能量，磁吸美好的人事物來到自己的生命，讓自己的身體成為「吸引美好」的能量體——「改命造運」由此定義。

你不對自己的「思想、情感、行為和話語」下功夫，它們就會變壞、變惡、變糟、變差。命不好、運不佳、人生不好玩、家庭不幸福，自己活得不快樂就是沒有美好它們的苦果。

你無法決定先天吸引來的人事物，但是，你能決定如何與他們共處共好，重要的是後天你要過什麼樣的人生，以及你要吸引什麼樣的人事物來到生命裡，透過「對命運的源頭下功夫」，你一定可以取得你想要的美好。

一個人對人性和命運的奧祕瞭解的程度，就叫做智慧。你的智慧到底有沒有開竅？從你的思想、情感、行為、話語的「慣常反應」就可以知道。這慣常反應形塑了你的命運，你必須回到源頭去「察覺」你的問題，找到問題的「結」，才能夠從根本改變命運。一旦慣常反應定型，你的思想、個性和性格就會僵化，命運就難以變動。

自己的問題自己解，要「解」就從源頭開始解，這是你要變好，人生要美好的根本解。

讓花開，綻放自己的精彩，你是繁花盛開的原因。

成為別人生命中的美好，你是豐盛富裕的源頭。

活著就有好心情，看見人就想給人快樂，你是自己和別人幸福快樂的泉源。

給世界你的愛和正能量，你是招財納福吸引一切美好的磁鐵。

是的，你是。會的，你會讓它發生。這是你持續美好自己的思想、情感、行為和話語，身體散發出美善能量磁吸而來的豐碩果實。

別讓自己工作一天跟工作四十年沒有兩樣，只對外在的事物事情工作，忘了對自我的思想、情感、行為和話語也工作一番。別讓自己活一天跟活七、八十年沒有兩樣，個性、性格僵化定型，缺點、惡習難以改變，這樣活著，不管有錢沒錢都不會快樂。

思想、情感、行為、話語一生起就是人體能量在震動。震動的能量在內被你感受到，就是自己當下心情的好壞，能量長期累積下來影響的是自己心理、生理和身體的健康。震動的能量往外擴散，直接影響的就是人跟人互動的關係品質，這股震動能量更是人類能否創造功成名就的無形推手。

你的思想、情感、行為、話語震動出的美好頻率愈多，你的幸運、福氣和快樂就愈多。

任何希望擁有至上福氣和吸引美好人事物來到生命裡的人，都要提升自己身體震動能量的美好頻率。美好頻率就是：「思想」——我要學習、我要進步、我要更好。「情感」——我要洋溢好心情，讓人快樂，給人好感覺。「行為」——我要利益他人、成就自己。「話語」——我要樂觀、幽默、正向，讓人舒服自在。

現在就快樂上工，去提升和美好自己身體的震動能量，堅定相信自己做得到；強烈感覺自己會很幸運、很順利、很有福氣；勇敢行動，肯定自己一定會成功富有；告訴自己：我能、我可以、我做得到。去激發美好的能量，去展現卓越的能力，讓花開，綻放自己的精彩，活出成功幸福錢來的人生——你的「美麗人生」由此定義。

記住

這一生想要成功：你就要把「我要學習、我要進步、我要更好」的具體作為，緊緊落實在自己生活的日常——你的成功指日可待。

這一刻想要幸福：你就要讓自己的思想、情感、行為和話語充滿光明與希望，用滿滿的溫暖待己待人——你的幸福立即到來。

智慧提醒

用愛、笑容和滿滿正能量，綻放自己的美麗——你的美由此定義。
用好感度、美善言行和自信優勢，綻放自己的精彩——你的魅力由此定義。

讓花開：綻放自己的精彩，這是你人生第一個要完成的使命。

成功幸福錢來：成為別人生命中的美好，你值得快樂又富有，這是你活著務必要達成的使命。

2 什麼樣的人會有錢？

——敢學、敢想、敢要、敢做的人

金錢和幸福，只給能處理好「人性需求」的人。

去做事業、去獨領風騷或是去爬上更高位階——敢成為有錢人。

敢，就是一定要做到的決心意志；敢，就是讓願望成真的積極作為。

跟任何人都處得來、聊得來，這樣的人最容易成功和幸福。

金錢，是人生重要寶物之一。沒有金錢，人很難活得好和活得下去。

若要為人類的一生下個客觀的註解：為錢奔波、為利益算計。這再真實不過了，所謂「成功者」的定義大多是：賺到很多錢的人。每個人都希望自己、孩子或父母是有錢人。「累積金錢」成了人生實質的內涵，甚至是人活著的目的。

每個人小時候的願望都是：心中夢想的角色。長大後，每個人的願望都是：希望成為有錢人。

一個總是「能」把金錢磁吸過來的人，願望會成真。

一個老是把金錢推開的人，願望難達成。

「能」，就是能力和能量。一個人若能擁有解決問題和創造價值的雙重能力，加上所作所為遵從愛與善的法則，成功幸福錢來，大有可為。

什麼樣的人會富有？這問題人人都想知道答案。不久前，哥本哈根大學有位教授提出研究成果：決定一個人富有的關鍵因子是「個性和運氣」。這樣的論述引起世人廣泛的關注。

該研究發現：卑鄙的人竟比善良的人更容易致富。這結果顛覆人性本善的認知，卻反應了真實世界的樣貌。

在現實的社會中，善良、保守、務實、內向的人較難出人頭地和發大財。卑鄙、投機、取巧、外向的人總是占上風，這研究結論對那隻看不見的命運之手，提供了部分解答。

卑鄙的人總是占盡便宜，這現實讓很多良善的人忿忿不平。其實，卑鄙、投機、取巧的人，在關係對待、家庭幸福和孩子教育上很難取得較好的結果，人終將要為自己醜陋的心思和行為付出代價，就這點來講，卑鄙的人根本是在玩火，不是占上風。

什麼樣的人會富有？真相是：敢學、敢想、敢要、敢做的人，較容易賺大錢。那些善良、保守、務實、內向的人，很多是不敢冒險、不敢做大夢、不敢奢望自己會賺大錢的人，所以才會讓那些卑鄙、投機、取巧的人「暫時」取走一切。

人活著，就是要敢學、敢想、敢要、敢做來取得美好的一切：

敢用學習，來取得自信優勢。

敢用勇敢和行動，來取得目標達成。

敢用知識、技術和能力，來取得事業機會。

敢用感謝和給予，來取得幸運福報。
敢用正能量，來取得光明希望。
敢用幽默和笑容，來取得快樂。
敢用良善和品德，來取得尊敬。
敢用想像美好，來取得願望成真。
敢用愛與善的智慧，傳承和教育下一代，來取得永久的幸福。

「敢」就是一定要做到的決心意志，就是全心全意、全力以赴要讓願望成真的積極作為。不敢的人、消極的人，一生難以成功，少有財富，不會幸福。

♦ ○ ♦ ○ ♦ ○ ♦ ○ ♦

人若不靠自己的能力和良善的正能量來取得名利，盡用卑鄙手段和投機取巧的個性周旋在人我之間，暫時的成就風光，掩蓋不了良心的苛責和不好事件遲早到來的打擊，別讓自己的成功和財富來得快去得也快。出賣良心靈魂的成功和財富，你最好不敢要，因為它不會讓你和下一代長久順遂幸福。

關於個性，務實外向較佳。務實外向，才能勇敢面對自己和他人的問題，處理好自己和他人的事情。喜歡人群又愛獨處的個性屬於上上等：也就是跟任何人都能聊得來、處得來，又喜歡獨處、靜思、發想和閱讀，這樣的人較容易成功和幸福。

跟任何人都能聊得來，表示你的時事、常識、知識極為豐富。

跟任何人都能處得來，表示你的個性圓融、善於傾聽和讚美他人。

喜歡獨處、靜思、發想和閱讀，表示你的處事能力、智慧洞見和創意靈感正展現出卓越非凡的高度。

人要活得好：就要敢學、敢想、敢要、敢做，來取得成功、財富和幸福。敢要成功財富：就去創業、去獨領風騷或者去爬上更高位階。敢要幸福：就去美好他人的人性需求，讓他人領受你的好，真心感覺有你真好。你能滿足和處理好他人的「人性需求」，你要的成功、財富和幸福才會到來。這人性需求指的是：生存和欲望的滿足，以及感受美好的情感需求。

◆○◆○◆○◆○◆

要成為有錢人，你就要先去：喜歡金錢，渴望成為有錢人，培養自信優勢，擁有敢做自己的勇氣，感恩回饋這個世界；不討厭有錢人，不鄙視成功的商人，不仇視富有的人。

這是在成為有錢人之前，你先要有的富裕心態。

討厭金錢，鄙視你想要成為的人和角色，你正在把它們推開。喜歡金錢，熱愛你渴望扮演的人和角色，你正在吸引它們的到來。

「我是有錢人。」現在就對自己這樣說，去相信、去感覺自己真的是有錢人，有一天，有錢人就是你——真的是你。

金錢是為人所設計，為你而存在。

想要有錢，你現在就要敢學、敢想、敢要、敢做——敢成為有錢人。

敢，就是一定要做到的決心意志。

敢，就是要讓願望成真的積極作為。

敢，有錢人就是你。

記住

「個性」是從過去到現在被你和別人所共同塑造而成的，個性的好壞關係著命運的好壞。但好消息是個性會被渴望進步、看見自身缺點和反思自己過錯的人給改變。

「運氣」跟個性有著共同的特點，就是它們都能愈變愈好或愈變愈壞。運氣好，人生就美好。好運氣喜歡找上不斷厚植實力、能力、樂於救助他人、利益他人、美好他人的人。

時時抱怨和處處跟人結怨的個性，正是一點一滴把運氣和福氣推開的幕後黑手，想活出生命的幸福與美好，就讓個性和運氣愈變愈好。

智慧提醒

勇者致富，這句話已點出了誰能賺大錢的大智慧。

勇於追求金錢，敢於做能引來大量金錢之事，致富首要：勇敢。

你是個勇敢的人嗎？是，你有機會賺大錢；不是，知足樂觀是另一種幸福的美好。職場商場只有兩種人：一種敢成為有錢人，一種不敢成為有錢人。敢學、敢想、敢要、敢做，有錢人就是你。敢，就是一定要做到的決心意志；敢，就是一定要讓願望成真的積極作為。

3 金錢最大吸力
——心念和做的事

想願望成真，就要觀想那事物，感受擁有那事物的喜悅。

金錢大磁鐵：心念和做的事。

背後助力：人品和能力要好要強。

財運要好：取之有道、用之社會。

謝謝錢、感謝錢、我愛錢，去跟錢產生相互吸引的能量連結。

幾個月前，我受邀到老人教育大學演講，主題是：歡喜人生。剛踏進會場遇見一位老婦人，她問我：「老師您今天要講什麼？」不等我回答，她就說：「能不能教我們如何賺錢？」

這場演講的聽眾中，年紀最大的是一位九十一歲的老先生。人不管活到幾歲，喜歡的依舊是迷人的錢。

演講過後，我開始研究什麼樣的人較容易賺得大錢、財富滿溢？

巧妙的是，近日我又接到他們再度邀約演講，這次我給的演講主題是：富有人生——快樂錢來。

金錢和快樂這一物一感受是人類的渴望，在人類行為的背後，只要你注意看，就會看到它們隱藏在後的身影。一個能同時擁有金錢又活得快樂的人，才是真正富有的人。

「流動」是金錢的本質，金錢喜歡找上有能力、有勇氣和有行動力的人。

「美好感受」是快樂的本質，快樂喜歡找上擁有愛、金錢和智慧洞見的人。

金錢和快樂的共同特徵就是：它們能源源不絕地被人創造出來。如何讓「錢大筆進來，人發大財？」下面提供有錢人的作法，值得你參考運用：

那個喜歡金錢，渴望把錢賺回家的人，會獲得金錢的青睞。

那個用好感度和優勢才能讓無數人瘋狂喜歡的人，錢會追著他跑。

那個用技術、產品、服務和品牌征服市場的人，會賺大錢。

那個買到資產會增值的人，最有機會賺到很多錢。

那個重誠信、會用人、懂人性管理、善待員工的人，業績會愈做愈大，錢會流向他。

那個一邊賺錢，一邊樂於回饋社會的人，財運會很好。

那個相信自己的能力，敢做大夢、敢創業、敢行動、敢想像自己會很有錢的人，有可能成為大富人家。

那個敢投資「有德有才」之人，藉力使力共享事業成果，致富大有可為。

很多有錢人很早就做著上面的事，想成為有錢人你也可以跟著做。

記住——「流動」是金錢的本質。你做的事假使能高度滿足滿意他人的需求，那麼別人就會拿錢來跟你交易，大量的金錢就會流向你來——「財源滾滾來」由此定義。

賺錢五大致富途徑：創業；在自己的領域獨領風騷；爬上更高位階；買資產增值；投資有德有才之人和公司。這些都是富有之人實際致富的作法。

關於金錢有兩件事值得你用心思考：一個是你要用什麼去吸引和賺得大量金錢？另一個是你要用金錢來做什麼？你的答案最好崇高一點。每當寒暑假來臨，孩子很羨慕他的同學能全家出國旅遊，同樣的錢，我會希望讓孩子出國遊學，成就孩子的精彩人生，我真的這樣做了。

想有錢、很有錢，請你由內而外去吸引金錢的到來。

金錢最大吸力：心念和做的事。

背後助力：人品和能力要好要強。

財運要好：取之有道、用之社會。

想有錢，現在就開始去「謝謝錢、感謝錢、我愛錢」，去跟錢產生相互吸引的能量連結。想好事成真，現在就開始去「謝謝你、感恩你、我愛你」——這個

「你」是自己、他人和上天。這感恩天地人萬物的心，是引來好心情和好事成真的超強磁鐵。

祝你賺大錢，一起超有錢！

記住

「流動」是金錢的本質，金錢喜歡找上有能力、有勇氣和有行動力的人。「美好感受」是快樂的本質，快樂喜歡找上擁有愛、金錢和智慧洞見的人。富有的成功者是個行動者；幸福的智者是個學習者。你是學習者和行動者，金錢和快樂就會喜歡你、找上你。

智慧提醒

「做」出成功，「說」出幸福，「想」出願望成真，「感受」成真的喜悅。這是讓你功成名就、好事發生、幸福錢來之超強法則。

人對自己渴望擁有的事物，透過鉅細靡遺的「觀想」，人「感受」到心想事成的「美好」，正是吸引力法則的驅動引擎。想要願望成真，現在就去「觀想那事物」、「感受擁有那事物的美好和喜悅」。想你要的，說你要的，感受你要的美好，幸運之星就是你。

4 沒有理由，老天不眷顧著你、不賜福給你

——搞定你的「好角色」和「好作品」

沒有理由，你不會成功！沒有理由，你不能有錢！

搞定角色和作品：去扮演「好角色」，把「好作品」呈現出來。

用善良的心吸引福氣，用利益他人的能力創造財富。

你如此善良又有能力，沒有理由老天不眷顧著你、不賜福給你！

多年前，我渴望圓夢改變人生，毅然決然轉換職場角色，決心朝著內心指引的方向和目標勇敢前行。人生走到重新歸零的時刻，面對未知的未來，堅定的心伴隨著些許的不安與迷惘。

至愛的親人對我說：「你如此善良又有能力，沒有理由老天不眷顧著你。」這

句話深深觸動我的心，大大鼓舞著我，成為今生腦海最鮮明的記憶。於是我寫下這篇人生感悟，想把它送給同樣會面對人生轉折和迷惘的你。

沒有理由，你不會成功。

沒有理由，你不能賺大錢。

沒有理由，你無法出人頭地。

沒有理由，你不能實現自己的夢想。

沒有理由，你不能更幸福地活著。

沒有理由，你不會遇到對你好的人。

你如此善良又有能力，沒有理由老天不眷顧著你，不賜福給你。

你唯一需要給自己的一個理由就是：早一點樂在學習、快一點勇敢逐夢，然後用行動做出你要扮演的角色和想要完成的作品。扮演「好角色」，這是你對自己最好的交代；把「好作品」呈現出來，這是你對別人最好的交代。

你能把好作品變成好商品，把點子和創意付諸實現，你就會聽到除了音樂之外，那生命中最悅耳迷人的聲音：數錢數不停和為你不停叫好的聲音。「作品」可以是你的技藝、創作，也可以是你去整合各領域術業專攻之人的綜合作品。

當你的「好角色」和「好作品」搞定了，會的，你會感謝老天對你的厚愛，同時你會謝謝眾人對你的讚賞。

去做好你的角色，把好作品呈現出來，用善良的心吸引福氣，用利益他人的能力創造財富。

幸運會到來，時機成熟時，它一定會來。

一定來。

記住

沒有藉口，你不能更好。
沒有理由，你不能成功。
答案只有一個：你要或不要？

智慧提醒

沒有理由，你不會成功、不能有錢，只要你肯學、會做、敢圓夢，成功富有指日可待。

沒有理由，你不能幸福，只要你起心動念意圖良善有愛，幸福就在此刻讓你親吻品嘗。

去扮演「好角色」，把你的「好作品」呈現出來，用善良的心吸引福氣，用利益他人的能力創造財富。你如此善良又有能力，沒有理由老天不眷顧著你，不賜福給你。

5

「磨」亮璀燦人生

——成功幸福的煉金術：慢慢磨，最快

「百分之百相信」自己會很成功。
「十分篤定」自己會很有錢。
「大方允許」自己會很富裕。
「歡喜感覺」自己現在很成功、很有錢、很富裕、很幸福。
你問我：你何時會成功？我說：你現在開始做，最快成功！

老婆近日在畫一幅繁花盛開的畫作，她的畫風寫實細膩，結構剛完成準備開始上色時，用愉悅的口吻跟我說：「接下來就是漫長的過程。」我跟她說：「慢，就是快。」

我十七歲與書邂逅，二十多年後才出書。愛上閱讀卻不曾想過我能寫書出書，一路走來就只是喜歡那種大徹大悟、豁然開朗的美妙滋味，如夜得燈是書之於我的人生寫照。年少時期的同學友人，知道我出書，竟驚訝到不可思議。

此時此刻，你想不想、你要不要：技藝超群、通情達理、創造力卓越出眾？你真心想要，現在就要開始「慢慢學、慢慢磨、慢慢熬」，慢慢享受你正在進步的喜悅。慢慢地，幸運與美好會來敲你的門，請歡喜等候它的到來，你一定會熬出頭。

走在人生的路上，想幸福，請你用喜悅的心，一呼一吸歡喜感恩地活。

踏上追尋目標和實現夢想的過程中，想成功，請你用學習的心，一點一滴慢慢磨、慢慢熬。

事，不怕慢，最怕沒有開始，更怕太早中斷放棄。

人，不怕磨，最怕沒有樂趣、失去熱情和目標的支撐動力。

處自己之事，有為者必能成就自己，能成就自己的人是「高手」。

處他眾之事，有能者必能美好他人，能美好他人的人是「高人」。

高手和高人都有一段慢慢學、慢慢磨、慢慢熬的過程——樂在其中，人才能經得起花開前的無明長夜。耐心，是成就的根基，守得雲開，才能看見明月。

只要你對己對事有耐心，渴望更進步，慢慢地，你也能成為成功致富的高手和了悟生命真相的高人。

「慢慢磨、慢慢熬，最快」，這個慢，就是現在開始去學、去做、去行動。慢慢磨，就會「磨」亮你璀燦人生。

慢，就是快，這人生成功幸福的煉金術，你開始煉了嗎？

♦ ○ ♦ ○ ♦ ○ ♦ ○ ♦

你問我：你何時會成功？

我說：你現在開始做，最快成功。

相信自己會成功富有，篤定自己會成功富有；允許自己會成功富有；感覺到成功富有真的來到自己身上。「相信、篤定、允許、感覺」是你吸引美好和創造成功財富的四大磁吸能量。能量就是養分，你需要餵養身體更多「磁吸美好」的能量養分。能量要強，養分要多，成功富有就會發生在你身上。你的能量來自你的思想、情感、行為、話語。別餵錯和餵了不好的能量養分給你的身體，那吸引來的和發生的將會是你不想要的結果。

現在就去學、去做、去行動，同時結合「相信、篤定、允許、感覺」的磁吸能量。你的身體本來就擁有創造和吸引一切美好的能量和力量，去結合能量活用力量，你一定會磨亮自己光明璀燦的人生。

記住

「百分之百相信」自己會很成功。

「十分篤定」自己會很有錢。

「大方允許」自己會很富裕。

「歡喜感覺」自己現在很成功、很有錢、很富裕、很幸福。

「相信、篤定、允許、感覺」的能量，讓它停留在你的身體愈久愈多，你就會吸引成功、幸福、金錢源源湧入你的生命。

智慧提醒

會用自己的人品和能力賺大錢的人，是「高手」。
會用錢和智慧提升自己和美好他人生命的人，是「高人」。
去讀智慧之書，去結交、去成為高手和高人，去美好他人成就自己，讓它發生，你「磨」亮了璀燦人生。

6

目標——不到手不放手

人問：人生的意義在哪裡？

我說：在你實現人生目標的價值裡。

目標，是你想要完成什麼樣光榮的事？

目標，是你想要扮演什麼樣出色的角色？

目標到手，你才能從「品嘗小確幸」歡慶到「親吻大幸福」。

在人來人往的馬路上，常常會看見兩人一組，穿白襯衫，打領帶，騎著腳踏車，到處找人傳教的外國年輕人。

有一天，我們在路上相遇，我邀請他們到家裡坐坐。他們來自美國，說著一口流利的中文，我被他們的中文驚嚇到，問他們學多久？他們說一年多，我說才一年多就說得這麼流利，是如何辦到的？其中一人用手指著天說：上天的力量。

這股力量所創造出來的驚人成果，其實是人強烈渴望達成目標的決心與行動力所致，這是人體巨大的潛能，每個人都有。任何曾經設定目標，全力以赴百折不撓直到目標到手的人，都能明瞭和見證自己內在這股強大神奇的意志力量。

目標，是你想要完成什麼樣光榮的事？

目標，是你想要扮演什麼樣出色的角色？

它們是你來地球的任務和使命，你必須找到它、達成它。

找到目標：善用巨大潛能。鎖定目標：開始前進。實現目標：不到手、不放手。為有價值的目標而活，人生才有意義；真的實現目標，生命才有價值。

人問：人生的意義在哪裡？

我說：在你實現人生目標的價值裡。

比起宣揚人生是一場空、生命是幻象的人，讓「美夢成真」持續成真，更值得你親自嘗嘗它真實發生的美妙滋味。

去做光榮的事，去扮演出色的角色，你才能從「品嘗小確幸」歡慶到「親吻大幸福」。

目標到手——你的人生，才會是一場豐盛的饗宴。

記住

目標，就是去更新一個更棒的自己。

去寫出你的目標。

貼出你的目標。

看著你的目標。

念出你的目標。

想像目標達成、願望成真的情景。
去做，為目標開始行動，直到實現它。

智慧提醒

你想要完成什麼樣光榮的事？你想要扮演什麼樣出色的角色？
去找到目標，鎖定目標，實現目標：不到手、不放手。
人生的目的就是：一個目標接著一個目標的達成與完成。
目標：想大一點、要大一點、挑戰大一點。

7 人生兩大事——實現美麗夢想、從惡夢中醒來

夢想，別做空；實現夢想，利多多。
想你要的，做你想的，讓美麗夢想持續成真，你的幸福，會多很多。
中止負面想像的情節，從惡夢中醒來，你的苦，會少很多。
實現夢想：決定你的熱情、膽識、能力和行動力。
成功圓夢，你的膽識要大一點。

命運，測不準；人生，看不準，這是鐵的事實。

在我年少時期的同學友人中，有些不被看好的人，事業發展得很出色；有些受師長賞識的人，出社會卻栽在酒色和惡習的誘惑裡，難以翻身；有些人活到中年開

始回首感歎，後悔自己有夢沒能勇敢去追；還有人索性選擇棄俗出家；大部分人選擇安穩，不敢有大夢。

夢，就是內在有股聲音要你去做、去完成、去實現目標和理想。這股聲音若巨大到讓你生起堅定不移非做不可的決心，那圓夢的具體行動會開始被你啟動。沒有這股聲音或聲音不夠強烈，夢只能想想。

年輕時期，我不僅喜歡到處上課、聽演講，還買了無數的演講卡帶和光碟。每次坐在台下聽演講或者上課，那講者常會被我聚精會神和炯炯發亮的眼神給吸引，對我備加關注更多互動。在這段長期聽講的過程中，我的內心有股聲音開始響起，夢開始萌芽：我要站上講台。多年後，我站上了大學講台，同時受邀各處演講。

人生要活得好、活得多彩多姿，有夢是開始，圓夢才會開花結果。人生第一大事：去品嘗目標到手，夢想成真的滋味。

人生另一大事：從惡夢中醒來。這夢指的是：頭腦胡亂想像，心卻煩亂受苦，這負面想像的情節就是你人生的惡夢，人類大部分的苦就是這個夢中之苦。

無法知道自己的想像就是夢，人就永遠無法從夢中醒來。無法從夢中醒來的人，就只能靠吃喝玩樂來慰藉自己苦受不停的夢裡人生，這卻是全世界的人現在所過的日子。

每個人都是自己思想的受益者、受害者、受苦者。

那受益者就是光明思想和夢想實現的傑作；那受害者就是盲目聽從黑暗思想和負面思想的操弄，同時不敢有大夢沒能圓夢；那受苦者就是誤認自己的思想都對，用自以為是的想法自虐自己、攻擊他人。大部分人都是自己思想的受害者和受苦者，這就是人與人互動快樂不起來的原因。

人要成功，就必須要用熱情去實現真實又美好的夢想；人要幸福就必須要能中止頭腦恐懼不安的想像情節。能領悟並且做到這兩點的人——「智慧」由此定義。人生兩大事：讓美麗夢想持續成真，你的幸福，就會多很多；快速中止負面想像的惡夢，你的苦，就會少很多。從惡夢中醒來，考驗你的智慧高度；讓美麗夢想實現，決定你的熱情、膽識、能力和行動力。

人生大夢，貴在知而能行。醒來吧，去做夢圓夢，立志做大夢。
夢想，別做空；實現夢想，利多多。
別讓人生不敢做夢——不能圓夢。
成功圓夢，你的膽識要大一點。

記住

要成功，就去實現美麗夢想。
要幸福，就去中止頭腦負面想像的情節。
要平靜喜樂，就不要用自己的思想去審判人與事的對與錯。

智慧提醒

想你要的，做你想的，讓美麗夢想持續成真，你的幸福就會多很多。
去中止頭腦恐懼不安的想像情節，從惡夢中醒來，你的苦就會少很多。

隨時警覺你的念頭，多多聚焦在美好的想像，讓願望成真。同時去中斷對美好人生沒有幫助的想像情節，快速從惡夢中醒來。

現在就開始用你的熱情、膽識、能力和行動力，去讓你的美麗夢想快快成真。

夢想，別做空；實現夢想，利多多。

8 自己的幸福自己想

——讓光明的思想進來

人生的出口，在於你的光明思想要帶你去的地方。

讓光明思想進來，是成功和幸福唯一的出口。

比起光明思想，黑暗思想更容易被人類傳承、接收和表達。

你不斷重複接觸的人事物，正在悄悄影響你後天命運的走向。

「想」出幸福，「做」出成功，想好的再做你想的——就是成功幸福的最佳捷徑。

有位讀者看到我寫的文章〈最珍貴的是：你的愛、智慧、能力和美好個性〉，似乎有所感觸而來信問我：「如果一個人已經自我放棄了，要如何再擁有愛、智慧、能力和美好個性呢？」我回覆她：「先從光明的思想開始想起，再慢慢學習，慢慢地轉變就會發生。」

人會自我放棄主要是受到別人和自己頭腦黑暗思想的荼毒，所以人要變好的第一步就是先從改變自己的想法開始，這需要一段慢慢轉變的歷程。

職場生存、家人互動、他人詆毀，稍不留神，真會讓人精神崩潰，放棄自我。

如果把人生看作「一」，先天的命運會決定人生「一半」的走向，後天的思想則左右著那另外「一半」的可能。先天的命運大都已無法更動，所以要想過好人生，第一步就從想法的轉變開始，想法轉得過，人生才會好過。

舉凡：成功失敗、貧富榮辱、苦樂得失、爭吵傷害，這一切的根源都是每個人頭腦裡光明思想和黑暗思想爭鬥的結果。

若用「明爭暗鬥」來比喻人生，那個讓你爭得一切美好的，是你生起的光明思想；那個鬥垮你、毀滅你的不是別人，正是你自己頭腦暗地裡的黑暗思想。

當光明思想勝出，會讓你感受到美好與希望；這美好與希望的感受會讓幸運來敲你的門，引來好事發生。去把希望帶上，你的光明思想就是你永恆不滅的希望。

如果你問我：理想的人生伴侶何處尋覓？

我的回答是：那個有好多光明思想的人，最值得你追求和相守一生。

如果你問我：人世間的幸福何處找尋？

我的建議是：你要先有顆會生起大量光明思想的頭腦——自己的幸福自己想。

殘酷的真相是：比起光明思想，黑暗思想更容易被人類傳承、接收和表達。別把黑暗思想和負面情緒傳給至愛的家人和他人。

要警覺：你跟人互動的方式。請用大量的光明思想與人互動，人最需要的養分是情感的美好感受和提升思想的智慧洞見，但這卻是人類成長最欠缺的營養元素。

要警醒：你平時餵養頭腦和情緒的東西。你不斷重複接觸的人事物，正是悄悄影響你後天命運走向的幕後之手。

有一點你要注意：大部分人只會給你大量的負面情緒和垃圾訊息。人、人生和命運要開始變好的轉折點：你會主動篩選和喜歡接觸正向光明的人事物——「多多益善」由此定義。

光明思想是一個人日後事業發展順遂和人際關係美好的主因，黑暗思想則相反。如何知道一個人已被黑暗思想掌控：自卑放棄自己；觀點見解狹隘如黑暗隧道，卻自以為是廣闊天空；個性高傲、孤傲、桀傲不馴；心機心術不正；所作所為自私自利；對人對事容易不滿；心情抑鬱、情緒易怒、想法負面；經常大發雷霆用言語傷害孩子、親人、他人。

當黑暗思想來襲時，人最需要的是快速找到光明和希望的出口，不是壓抑痛苦或遷怒他人，如何面對和驅散黑暗思想？下面作法值得你借鏡：

● 作法一：警覺到黑暗思想的危害，盡快把念頭轉換成光明希望的想法，對自己說些正向鼓舞的話語，這需要持續地練習直到超級熟練。自我對話就是自我暗示，有自我療癒和吸引好事成真的功效。「我很平安、我很健康、我很幸福、我很快樂、我很成功、我很有錢」、「我很幸運、我很有福氣、我擁有大量財富、我是億萬富翁」，現在就用話語或默念擁有它們，有空檔就把它們跟自己連結在一起，你現在就可試試看，你一定會感受到心的平靜同時人生充滿希望。自我對話和自我暗示要發揮功效，需要思想、話語、感覺和行動同時對焦在渴望擁有的事物上，讓身體時時感受美好，這是善待自己最好的作法。

作法二：黑暗思想就是當下頭腦重複卡關，面對他人和事件，想法陷在自私且負面的詮釋裡走不出來，此時可以閱讀生命智慧之書，你的觀念能豁然開朗，你才能釋放糾結的頭腦。

作法三：離開當下環境，變換場景，平靜自己的心或外出散步散心，讓黑暗思想退散。避免惡劣情緒停留太久，更不能在惡劣情緒生起時，用惡毒語言和行為傷害自己和身邊人。因為黑暗思想產生的惡劣情緒，正是親子教養和婚姻幸福最大殺手。散步散心，是自我對話最佳時機。

作法四：黑暗思想大都是多餘且不必要的想像，練習跟自己的思想和念頭直球對決，去看看它在哪裡，神奇的是，你一用「注意力」去找它們看它們，它們就消失不見了。沒有念頭，惡劣情緒就不會生起；不想，人就不會痛苦，這是人體神奇的奧祕。有一次下課時間，有位女學生跑來跟我說：「老師，謝謝。」對這突如其來的感謝，我摸不著頭緒。學生接著說：「不想，就不會痛苦了。」顯然學生被我上課時講的這句話觸動了心弦，我不知道當時她的生命發生了什麼事情，我只希望學生能真正明瞭，在人生的歲月裡，痛苦——大都是多餘的想像。

◆○◆○◆○◆○◆

選擇光明思想是自己的人生自己做主的最佳態度，不再責怪他人和命運，不願讓自己和身邊人再捲入痛苦不止的黑暗漩渦。駕輕就熟運用光明思想經營人生，愛己愛人，人生絢麗如光。

人要改變、轉變、變好，那把金鑰匙就是：從黑暗思想轉向光明思想。轉不過，你會自我放棄；轉得過，你會人生得意。

想成功、想幸福、想健康、想賺大錢，請給自己、給別人、給孩子光明思想，愈多愈好。

活著：想美好的事「比」想不好的事多好多倍，就叫會生活。

去做個會生活的人：「想」出幸福，「做」出成功。讓光明思想浮現，做著光明思想的事，這是成功和幸福唯一的出口和最好的捷徑。

有光，就能找到出口。人生的出口：在你的光明思想要帶你去的地方，自己的幸福自己想。光明思想，多想想，不錯喲！

記住

關於黑暗思想，你有兩大功課一定要得高分：一是化暗為明，把黑暗思想快速轉換成光明思想。另一個是跟黑暗思想和平共處，不讓它對別人引爆惡劣情緒、傷害言行，讓它靜靜地在腦海裡自行生滅。

黑暗思想就是負面、消極、悲觀的想法和念頭，它們是人生幸福和前途發展最大的阻力。別輕忽和小看它們的威力和威脅。

幸福和成功決定在——腦海中那一念接著一念的思想能量。光明思想點燃光明人生，活著，最重要的學習和功課就是——讓一念接著一念的光明思想，愈活愈多。

智慧提醒

黑暗思想會讓你的人生：苦無對策。

光明思想會讓你的人生：希望無限。

多想想光明思想，它才是你要過的日子。

活著：想美好的事「比」想不好的事多好多倍，就叫會生活。

9 開竅——成為自己命運的總設計師

蒙蔽你的，是你無知又愚蠢的觀念和行為。
把人生總結成最重要的兩個字，就是「開竅」。
對做的事開竅，獨特優勢爆發，名利成功輕易來臨。
對人性瞭解透徹，懂得滿足他人需求，幸福財富輕鬆落袋。
現在就開竅，你才有勝算——成功、幸福、賺大錢的勝算。

一年多前，我受邀在家鄉的退休協會演講。聽眾中有退休校長、老師和各領域的退休人士。

正當我準備要開始演講時，驚見台下坐著一位熟悉的身影，雖已白髮蒼蒼，我卻能一眼就認出是我的國中老師。三十多年前我坐在教室裡，今日我站上講台，老師在台下聽講，再續師生情緣，這一幕令我驚喜動容。

在演講中，我告訴鄉親今天的演講是一場連哈佛大學都無法聽到的演講，這說法引起一陣騷動，點燃鄉親濃烈興致。顯然鄉親被我演講的內容震撼到了，演講結束不約而同說我是家鄉之光，之後更是三度邀約我前來演講。

在對鄉親的演講中，我問他們：「若要把人生總結成最重要的兩個字，會是哪兩個字？」這考題沒有標準答案，卻考驗著每個人對人生旅程獨特的體悟。

「開竅」，這是我給出的答案。

開竅，是人成功和幸福的根基。

此時有位耳順之年的男士問我：「如果人活到現在都沒有開竅該怎麼辦？」我說：「人要開竅最好的作法是先問自己對什麼事有興趣，開始去學，求知若渴，愈學愈渴，永不停歇。」

一個人對什麼事開了竅，那開竅的，會變成他的天分、優勢和事業發展機會。

◆◦◆◦◆◦◆◦◆

在我剛開始寫作的時候，一股腦兒只顧著把多年來的生命領悟寫出來，洋洋灑灑寫了好幾萬字。出版社告訴我，文章中若能結合情感故事，可看性更佳。

這建議如醍醐灌頂，讓人開竅。

說「理」，只能夠讓人明白事理，要能打動、感動和觸動人心，靠的是情感的共鳴。

共鳴，就是感同身受。只有感同身受，人才能從接觸的訊息中，嘗到那真實美妙的箇中滋味。開竅，你才有勝算。開竅，就是明白和瞭解得很透徹，就是掀開蒙蔽你的那層面紗：那些讓你無知又愚蠢的觀念和行為。

你能對所做的事情開竅，獨特優勢爆發，名利成功才會輕易來臨。你能對人性的好惡瞭解得很透徹，懂得滿足他人需求，幸福財富才會輕鬆落袋。

每個人最優先考量和在乎的，永遠是自己的感受和利益。

每個人都是別人心中次要或不重要的配角。

明白了這人性的本質，你就不用太在意別人對你的評論與想法。

醒悟了，在面對別人的傷害、羞辱的時候，你就可以淡然處之，或者是選擇離開對方。

開竅了，你就會知道，成功和幸福的前提，是你給出去的要能滿足他人的感受、需求和利益。

◆◇◆◇◆◇◆◇◆

當一個人不知道自己要做什麼、能做什麼、不管做什麼表現得都不太好，這三種情況說明了這樣的人對所學習的知識、技術和做人做事的態度，並沒有真正開竅，沒有透徹瞭解。

很多社會新鮮人、在職和退休人士，現在正過著沒有開竅的人生歲月，沒有專長優勢，沒有自信風采，鬱鬱寡歡、渾渾噩噩、終生不得志，這就是頭腦尚未開竅的寫實人生。

所謂的「自信」：指的是對所學和所做之事開竅，人因精通而擁有擅長優勢。所謂的「智慧」：指的是對人性好惡和成功幸福法則開竅，人因透徹瞭解人性本質而懂得明白人生運作的真相。當你做事處事有自信風采，待人處世有愛有智慧，此時的你會顯現「容光煥發之姿」，那是「人生勝利者的光環」。

◆ ◦ ◆ ◦ ◆ ◦ ◆ ◦ ◆

用雄心壯志和能力，成功地成為人生舞台的主角，為他人的美好貢獻自己的所能；用透徹人性的智慧洞見，幸福地成為自己生命的總管，給自己好心情，給身邊人好感覺。

人要成功和幸福，當中的竅門就是：成功和金錢是透過交換得來的，有多少人、會拿多少錢，來買你提供的價值，決定你成功和賺得金錢的數量；幸福是給出好感覺得來的，生活中你能給自己多少好心情、給多少人好感覺，則決定你幸福時光的多寡。

你真能清楚知道事情發生的成因，看清事物的真相，你才會真正開竅。你不成功、不幸福、不快樂、不富有，原因只有一個：你沒有開竅，或是你不怎麼開竅。你要成功、要幸福、要快樂、要富有，作法只有一個：你要開竅，真的開竅！

你真能對成功和幸福的竅門開竅，你才能掀開和透視那些蒙蔽你、讓你無知又愚蠢的觀念和行為，成為自己命運的總設計師。設計出一個：你喜歡的自己和滿意的人生，活出一個會永遠喜歡自己的自己。這個自己，就是現在還在持續進步中的自己。

你現在就要開竅，你才會有勝算：成功、幸福、賺大錢的勝算。開竅，勝算最高的人是你。

記住

進步，是你持續學習、修正錯誤、改進缺點的結果。

自信和優勢，是你累積進步的結果。

成功和成就，是你用勇氣帶著自信和優勢開創的結果。

綻放精彩，是你轉化逆境和戰勝挫折的結果。讓它們發生，你開竅了！

智慧提醒

成功和金錢是透過交換得來的，有多少人？會拿多少錢？來買你提供的價值，決定你成功和賺得金錢的數量。

幸福是給出好感覺得來的，生活中你能給自己多少好心情？給多少人好感覺？決定你幸福時光的多寡。

10

第三力——左右成敗的力量

第一力：主動的積極力。
第二力：被動的消極力。
第三力：看見價值的覺察力。
看見價值的覺察力，就是你的萬能神力！
個性要變好，命運要變好，你要找到第三力才能使上力！

我的父母生長在要用勞力去打拚，才能溫飽三餐的家庭和年代，在他們的眼裡，「金錢」是人生的首要價值。在我成長的過程中，父母最重視的是我的「課業」，他們把課業好壞跟我的未來畫上等號。

我十七歲愛上閱讀，在書中我看見人性的奧祕和世界的廣闊，從此「好書」成了我人生最親密的盟友，書帶給我的價值無法估量。我當上父親後，樂於把「閱讀、畫畫、音樂」的美好，帶入孩子的生命。

價值，就是被你看重和重視的程度。能美好生活和壯大自信實力，這事物的價值你最該看重也要看見。人生要幸福快樂、多彩多姿，你必須要能看見「無價」的東西。無價，來自它超越金錢的價值。

看見價值，決定一個人的深度。
活出價值，決定一個人的高度。

♦ ○ ♦ ○ ♦ ○ ♦ ○ ♦

生命高度覺醒的智者在古代被稱做神祕家，意思是人性奧祕的神祕面紗已被這樣的人揭開。

其中的一層面紗，講的就是「左右人類成敗最關鍵的一股力量」，這股力量被稱做：第三力[1]。

第一力，叫做：主動的積極力。

第二力，叫做：被動的消極力。

第三力，叫做：看見價值的覺察力。

人類的天性裡永遠藏著兩股力量在拔河，這兩股力量就是主動的積極力和被動的消極力。若是主動的積極力戰勝，人就會優秀卓越，活出高成就價值；若是被動的消極力戰勝，人就會平庸平凡，活不出成就價值。

神祕家發現決定這兩股力量勝出的不是它們本身，而是有另一股力量的出現產生加乘力道，致使第一力勝出，第二力消退。

註1 第三力是人要清醒最重要的助力，葛吉夫（G. I. Gurdjieff）和鄔斯賓斯基（P. D. Ouspensky）認為：人要真正清醒到「記得自己」，必須借助第三力來使力。第三力因他們被世人所認識。

這股力量用我真實的體悟來詮釋，它就是人「看見價值的覺察力」。意思就是當你要做一件事時，你看見這件事對你現在和未來的價值，高到讓你生起非做不可的決心，此時你的第二力被動消極力會消失，第一力主動積極力會巨大堅定，正是這股第三力在左右著人類的勝敗好壞。

當人類身陷被動消極的習性泥淖中無法自拔時，為何喚不醒、救不回這類沉淪的人？

因為當事人看不見自己生命真正重要價值的事，無可救藥地任憑被動消極的惰性，主宰人生的走向。你可以在每個沉迷於不好的癮頭或放棄、唾棄自己的人身上，找到那股萎靡不振的巨大消極力道。

看見生命重要價值之事，英雄不論出身低，自己就能闖出一片天；看不見生命重要價值之事，養出敗家子也就不足為奇。

當被動的消極力增強時，會讓人安於不長進的現狀或縱欲享樂迷失自我，個性難移、惡習不改全是被動消極力使力的結果，這樣的人就是少了那股看見價值的覺察力。

看得見：自己非改不可的缺點。
看得見：自己的錯誤，承認它、修正它。
看得見：對自己好且非做不可的好事。
看得見：做這件事將對自己帶來不好的苦果。

看得見，就是覺察到最終結果的好壞，這個覺察力就是你的第三力，活用此力量，它就是你人生左右逢源的好幫手。

沒有第三力，我想改變、我要變好都只是癡人說夢，夢難圓。從小活到大，沒有人不想變好，沒有人不想成功，沒有人不想給人幸福。使不上力，是因為你看不見和找不到第三力。

你的個性要變好，就要聰明借助第三力來使力；你的命運要變好，就要快點找到第三力才能使上力。第三力有如神力，是你創造奇蹟的神奇魔力。

人生中所有你遇見的人、發生的事和遭遇的問題，都是在教你、幫你、讓你看清：你置身其中能否看見價值，從中學習成長？你能「察覺」自身的問題，看見自己思想的盲點、個性的缺點和所學所作所為的不足，才能讓自己活在一個持續反思、自省、進步、改變的行動中，在看見價值中成長壯大。

沒有「看見價值的覺察力」，你只能坐等別人看見你的問題，告訴你有問題，討厭你的問題。冰凍三尺非一日之寒，等別人告訴你問題所在，惱羞成怒的你，將無力面對和解決自身的問題，人生也將落入無解的境地。

現在開始，用警醒覺察的心，從接觸的人事物中看見其中的價值，讓價值成為驅動你成長壯大的養分。「看見價值的覺察力」會驅動你的主動積極力，它是你參與人生，成功勝出的萬能神力。

看見價值，你看到了嗎？

記住

人生三大現實問題：

你的生命活出什麼價值？

你給別人和世界什麼價值？

你看見和看重什麼價值？

價值，就是要高一點。價值，就是要好一點。

智慧提醒

惰性、安逸、嬌生慣養、自卑挫敗感是消極力的溫床。消極力若太強大，主動力和積極力就會消失，難有精彩人生。看見事物的價值，渴望讓自己更好更進步，主動去學去做，是戰勝消極力的萬能神力。你能看見他人身上和萬事發生所帶給你的價值，才能活出和提升自己更高、更好、更美的生命價值。

11 人生六大致勝心態

——愛、學習、不要怕、修正改進、在一起更好、你到底有多好

心態致勝，你懂嗎？致勝心態，你有嗎？

成功墊腳石：致勝心態和優勢。

失敗絆腳石：致命缺點和個性。

我要贏、我要更好這致勝心態，在拚搏的人世間，你最好要有！

成功的人跟一般人最大的不同就是：他們做了，也贏了。

我讀過「土木和建築」，也從事過建築工作，後來愛上「企業管理」，於是就再回到學校從工科跨到商學領域研究學習，讀得不亦樂乎，視野大大提升。我跟孩子說：不管你們讀的是什麼科系，學的是什麼專業，從事何種工作，我們都身處在

商業世界，學習企管瞭解商業世界的運作，對人生格局大有助益。希望孩子對此有興趣也有意願，任何美好的事，只能要求自己、勉強自己，不能強勢逼迫他人。

多年前，從事建築的朋友，工作沒多久就出去創業，當時的他對建築圖和估價都不是很在行，除了勇氣，普遍不被看好。幾年後，他的事業和財富已富甲一方。任何事若想等萬事俱備才開始，那時機與契機似乎不會等人、給人。

邊做、邊學、邊修正、邊進步，這是成功事業和成就高峰的開啟模式。

世界上頂尖的成功人士，他們的成功都有一個共通的特點，除了慢慢學和慢慢熬之外，他們都有「想做就做，勇敢開創」的致勝心態。「我要贏、我會贏」這致勝的心態，讓他們堅苦卓絕爬上事業高峰，達成非凡成就。

原來，那「看不見的致勝心態」，才是改變或主導個人命運最大的力量。心態就是思想、動機和企圖心的綜合展現。光明的思想、良善的動機和我要贏我要更好的企圖心，這致勝的心態——在拚搏的人世間，你最好要有。心態致勝，你懂嗎？致勝心態，你有嗎？

下面跟你分享人生六大致勝心態：

「愛」：你和人們都需要被愛的養分，愛的養分讓人成長卓越同時感到幸福。從被愛到給出你的愛，這心態的轉換就叫格局、氣度與成熟。

「學習」：一直學，學到真有本事、真有本領。

「不要怕」：勇敢地去做、去行動，去做出成果、創造奇蹟，把知道的、學到的用出來。

「修正改進」：修正錯誤，改變進步，不間斷。

「在一起更好」：帶領別人，跟人合作，一起更好。

「你到底有多好」：隨時問自己「你到底有多好？」這個問題。好、更好、再更好！讓自己更好，把它當做是樂趣，不是壓力。

成功的人，懂的不會比你多，最大的差別是他們有致勝的心態、學習的心。唯一的不同是他們做了、也贏了。

成功的墊腳石：致勝的心態和優勢。勇敢去做，不停地修正和改進，持續追求卓越。

失敗的絆腳石：致命的缺點和個性。沒有能力，沒有勇氣，不敢去做或是做錯了就放棄了。

心態致勝，萬歲。

致勝的心態，萬萬歲。

對於別人的成功，你要看出他的致勝之道，學習之。

對於自己的成就，你要看見自己一路走來的好運氣，感恩之。

給致勝的你。

記住

愛的言行，為你帶來幸運和福氣。

向人學習和自己經歷，為你帶來能力和創造力。

勇敢不怕的行動力，為你帶來功成名就和財富。

你內在的致勝心態，會為你創造外在豐盛富裕的果實。

表裡如一，真實甜美。

智慧提醒

心態是思想、動機和企圖心的綜合展現。光明的思想、良善的動機，和我要贏、我要更好的企圖心，這致勝的心態——在拚搏的人世間，你最好要有！

贏家心態：心胸度量廣大、態度勇敢積極，想做就做，做就要做到、做好。

贏家作法：邊做邊學邊解決問題，愈做愈精通熟練，巨大優勢獨樹一幟。

12

你拚，你會成功

——肯學、會做、敢拚的人才會贏

人生是一幅拼圖——把美麗願景「拚」出來！

要贏，就要拚。

拚，不用怕。

「敢做自己想做之事的勇氣」——「拚」由此定義。

有「學會」、「做出」兩把刷子，你拚著拚著就成功幸福錢來了！

新學期開始，學校要填寫家庭資料，就讀高中的女兒是這樣寫的：父親是作家，母親是畫家。寫完後，自己得意洋洋地說：「兩個都是『家』。」

這頭銜中的「家」，代表的是人的天賦才能、擅長優勢和精通領域，它的養成需要用「學會」和「做出」這兩把刷子，長期揮灑才能自成一家。這個被稱做「家」的人和作品，想要名利雙收，必須叫好叫座不能沒沒無聞。

生命是一張畫布，它要你把美麗畫出來。
人生是一本書，它要你把精彩寫出來。
生涯是一幅拼圖，它要你把美麗、精彩和願景「拚」出來。

想成功，你要交出一張行動的成績單：你要做到讓很多人滿意你的表現，驚呼你的好。

想幸福，你要交出一張學習的成績單：你要持續進步提升，直到你會喜歡既善良又優秀的自己。

活著，要活得有亮點，就要有「學會」、「做出」兩把刷子。

人生，要有好舞台，就要拚出一張有看頭的履歷表。

用履歷表看人生、寫人生。填寫履歷表，多寫一些，讓人「好」驚呼的好經歷，寫精彩一點、寫漂亮一點、寫得吸睛一點。

用願景拚人生、玩人生。用你的知識技能、獨特優勢、經驗歷練，拚出更高的能力價值，玩出更高的市場價格。

沒能為自己夢想拚一把的人，他的人生不會很精彩；沒能學和做出好本事、好本領的人，他的人不會有自信風采。

生命很美麗，只有用愛和自我優勢去拚搏的人，才能歡呼享受生命的美好。

人生很精彩，唯有「肯學、會做、敢拚」的人，才會歡喜豐收成功的美好。

下一塊拼圖你要「拚」什麼？拚你的事業；拚你想完成的夢想；拚你想要精通的才藝或技能；拚你渴望更高榮耀的角色扮演；拚一個被人傳頌效法的奮鬥故事。

拚，就是你要有「敢做自己想做之事的勇氣」——「拚」，由此定義。

天生贏家三大特質：肯學、會做、敢拚。

要贏，就要拚；拚，不用怕！

只要不違背良心、不對人使壞，把你的好給世界，你拚你會成功。

◆ ○ ◆ ○ ◆ ○ ◆ ○ ◆

去學習新東西、去經驗新事物、去歷練新角色。你的生命畫布、你的人生之書、你的生涯拼圖，去讓它美麗一點、精彩一點、好玩一點，讓成功幸福錢來——做著做著、拚著拚著就來到你身上。

記住

人生到底要拚什麼？

拚智慧：多一點快樂的時光。

拚事業：多一點成就飛揚的感覺。

拚金錢：多一點家庭幸福和孩子的希望。

拚作品：多一點自我肯定的生命價值。

智慧提醒

去學，不要拖。

去做，不要怕。

去拚，你會成功。

天生贏家三大特質：肯學、會做、敢拚。

13 從「一」開始——好的開始

連「一」都沒有，別嚷嚷你多了不起！
你連這件事都無法去做、不敢面對，那你今生還能做什麼？
一次次擊退恐懼，一次次就有了小小的進步。
一開始，想的、做的就要是會開花結果的好開始。
成功，從你跨出的那一步開始累積創造。

年輕時期踏入職場，厚植實力、增強自信是我生活和工作的重心，為此我開始愛上各種自我成長的課程。在學習的過程中，面對挑戰自我的上台演練，那種恐懼害怕的心理反應，有時真會讓人裹足不前，生起放棄的念頭。

面對這樣的情境，我內心總會浮現砥礪自己的話語：「你連這件事都不敢去做、無法面對，那麼今生你還能做什麼？」這句話有著巨大鼓舞的威力，它讓我勇氣倍增，不怕出糗，敢於硬著頭皮上場嘗試，一次次擊退恐懼，一次次我有了小小的進步。

去做一場演講。
去寫一本書。
去完成一件作品。
去建構一份事業。
去主持一項活動和任務。
去創作作品，證明你會什麼。
去教導別人，證明你懂多少！

♦ ○ ♦ ○ ♦ ○ ♦ ○ ♦

多年前，網際網路興起，當時我喜歡用網路跟學生和朋友們分享人生體悟，其中有人回覆我說：「你的文章真的可以出書。」被鼓勵肯定的我，開始試著把短文投稿到報社，還真的被刊登出來。之後，我受邀演講，就把短文和自己的心得語錄印製成美麗書籤分享給聽眾，反應熱烈爭相索取。今天，我真的出書了！

萬里長城，一磚起。

有一就會有二、有三……

連一都沒有，別嚷嚷你多了不起。

一開始，想的、做的就要是好的開始，會開花、結果的開始。

一開始，就要學不停，就要耐心地、專注地做著自己熱愛的事，做著對自己前途很有幫助的事，做著對別人有助益的事，你必能從「一」開始。

現在開始，就用這句話問自己：「你連這件事都不敢去做、無法面對，那你今生還能做什麼？」

從「一」開始，現在開始，好的開始。
我開始了。
你也行。

記住

小時候我們跨出那一步，我們學會走路。
人生中你跨出多少那一步？
所有的成功，都從你跨出的那一步開始累積創造——從「一」開始。「新」的開始，「好」的開始。

智慧提醒

對自己好的事，要勉強自己去做，敢勉強才能突破現狀。
對的事，要天天歡喜去做，你做的事才能從喜歡變擅長。

一開始，就學不停，永遠是最好的開始。
只有自己能改變自己，只有自己能讓自己變好——「根本之道」由此定義。

14 在時間裡做「對」事

——有「錢」途

前途，就在你花最多時間做的事情裡。
好用的不應是手機網路，而是你的超強能力。
自信的優勢，才是最該帶在身上的東西。
在螢幕世界耍廢太久，小心變廢材；人有才，才會有財。
不只吃喝玩樂，敢做不同，大有前途、超有錢途！

大女兒就讀大學，聊天時半開玩笑地說：大學生都在流行耍廢。

不只是大學生，鄰居友人經常抱怨伴侶，下班就黏住沙發、盯著雙螢幕——手機和電視機，直到睡覺。

耍廢和螢幕危機，早已蔓延全世界，成為全球運動，不分男女老少都被「手機和電視機」這兩機給耽誤一生。

網路世界人人手機不離身，上線手遊、追劇、線上社群，人生只剩三事：睡覺、工作、盯著螢幕。沉迷螢幕，前途是危機；慎用善用螢幕，前途有契機。

我跟女兒說：逆向操作。

把盯著螢幕的時間挪出一大部分來，閱讀、聽演講、學語言、才藝和技能。耍廢要節制，畢竟自信的優勢才是最該帶在身上的東西。耍廢太久，小心成為廢材，老大徒傷悲後悔莫及。

我很慶幸能生長在手機網路發達的現在，我更慶幸愛上學習閱讀在沒有手機網路的年代，那個年代是我專注知識和智慧揚升最輝煌的黃金年代，現在的我想向那個年輕時期愛上學習和閱讀的自己表達感謝之意。自己感謝自己，竟然意外地讓我更熱愛生命、更喜歡自己。

把時間花在讓自己成長的事物上，有前途。

敢跟眾人做不一樣的事，做有價值的好事，大有前途。

懂得逆向操作，超有前途。

逆向操作要趁早，耍廢太久會變廢材，人不會太有才；人有才，才會有財。

生命可貴，時間珍貴，要好好用，好好地用。

好用的不應是手機網路而是你的超強能力。你看的、聽的和做的，就是要聚焦在對前途和錢途大有助益的事情上，你敢這樣與眾不同地逆向操作，人生大大的勝利是你，卓越非凡也是你。

學習要以書和實際的經歷體驗為主，再萃取網路深度實用資訊，將來的你也會向現在的自己表達衷心感謝之意，感謝做對事情的自己；自己對得起自己，才是真愛、珍愛自己。

別把生命大好時光都花在螢幕世界——電視、電影和手機上，任其啃噬掉你的鬥志、專長優勢和美麗靈魂。除非你做的事業、你要賺的錢是在螢幕世界的互動裡，否則感官娛樂式的耍廢，享受一點點的樂趣就好。

平凡平庸之人，就是做了太多吃喝玩樂的事，你敢與眾不同，敢逆向操作，敢不停地學習超越自我的現狀，你是平凡、更是非凡！

你的「前途」，在你花最多時間做的事情裡。

你的「錢途」，在你做的工作和事業裡，這事業就是要自己創業、這工作就是要挑戰更高職位——這兩條路是「人才」走的路。

♦ ○ ♦ ○ ♦ ○ ♦ ○ ♦

工作要有前途，事業要有錢途，就要去做自己喜愛的事、喜愛自己做的事、做有廣大需求的事。在有限時間裡做對的事，就要去做「有樂趣、有前途、有錢途」的事——「做對事」由此定義。

記住

在有限時間裡做對的事——有「錢」途。

「前途」——在你花最多時間做的事情裡。
自信優勢才是你最該帶在身上的東西。

智慧提醒

你眼睛看的、耳朵聽的、嘴巴講的、心感受的，都是你內在靈魂的食物。這食物攸關你能否綻放精彩和幸福美好，這食物需要挑選：挑好的，你才會滿意你人生的樣貌；挑壞的，就會壞了你的心情和你的人生。

在有限時間裡做對的事，做「有樂趣」、「有前途」、「有錢途」的事——因為，時間是生命最寶貴的資產！

15 最高定律——你給出去的，會回到你身上

人生最珍貴的兩樣東西：金錢和時間。得來太容易，人不會看重它的珍貴。目前你得到的，都是你曾經付出所換來的結果。你幫助別人，老天會幫助你。

有位遠地的朋友打電話給我，說他想舉辦幾場「生命覺醒講座」，要請我當主講人，並希望我能免費提供服務，理由是：先做扎根工作，效益在未來。

我能理解這樣的說法和作法，早期我曾為了擁有教學經驗，通勤單趟車程要兩個多小時的大學授課，這經驗價值在當時超越金錢報酬。

只是——

成功和生命覺醒從來都不會是免費的結果。

人們並不會看重和珍惜得來太容易的東西。

所有人生中有價值的東西，都是你曾經看見美好價值同時極力付出心力得來的結果。

除了繼承之外，目前你得到的，都是你曾經付出過代價換來的結果。

金錢，是全人類的最愛。

看一個人把金錢花在什麼地方、對金錢是何種態度，就知道他的人生會不會得到更多的錢，會不會得到比金錢更珍貴的價值：愛、幸福、智慧和創造力。

免費就可得，你不會滿意你得到的東西；不願意花費，你得到的不會是真正重要的東西。人生最珍貴的兩樣東西：金錢和時間；人生最該追求的兩件事：成功和智慧。

你需要用金錢和時間去換來成功和智慧，成功讓你出名富有，智慧讓你幸福喜樂，它們需要你用珍貴的金錢和時間去換來——珍貴才能換來珍貴。

去看看，是不是這樣？

我說：是！

◆ ◇ ◆ ◇ ◆ ◇ ◆ ◇ ◆

活著就是要去創造自己渴望擁有的一切、感恩自己享有的一切、分享自己所能給的一切，有此智慧的人就會感到快樂，就想給人快樂，這智慧是覺醒的真智慧。有真智慧的人，真幸福。

給愛的人，會讓人感受到他的生命之美。

有智慧的人，會讓人領受到他的洞見之光。

你絕對「配得」人世間一切的美好，請相信自己絕對值得擁有也會擁有，這就是「福音」：生命中最好的消息。

最好的消息——給最珍貴的你！

◆ ◦ ◆ ◦ ◆ ◦ ◆ ◦ ◆

人生最高定律——

你給出去的，會回到你身上；你現在對自己、別人和世界做的一切，有一天會回到你身上。

目前你得到的，都是你曾經付出所換來的結果；你幫助別人，老天會幫助你，珍貴換來珍貴。

請銘記於心。

記住

目前你得到的，都是你曾經付出所換來的結果。

現在你會的，都是你曾經努力學來的結果——珍貴換來珍貴。

智慧提醒

你做了什麼？你得到的回報會給你驚喜或悔恨。

你給了什麼？收穫的果實會給你答案。

你給出去的，有一天會回來，珍貴換來珍貴——請銘記於心。

你絕對「配得」人世間一切珍貴的美好，請相信自己絕對值得擁有也會擁有。

這就是「福音」：生命中最好的消息——給活出珍貴價值的你。

16 不滅定律——無為而為，大有福報

學習，是為自己而學。
作為，要無為而為。
取自己當取，給自己所能給：真好人！
愈多人感謝你、尊崇你、希望你好，你就愈有福氣。
無為而為的作為：是福氣增值最好的投資。

在我住的城市，流傳著一個真實美麗的故事。

幾十年前，一位女醫師開了家診所，當時人民普遍貧窮，日子並不好過。每當有窮人來看病，付不出醫藥費，這位女醫師對這樣處境的人，總會伸出援

手，這樣的善行事蹟和人性光輝，在人民心中被歌頌成救苦救難的化身，成為這座城市最美麗的史詩。

這位女醫師深受市民愛戴，日後不僅是她自己，連她的兩個孩子，都在這座城市先後發光發熱、功成名就。這是人民對善行的感念做出的回報力量，成就這段人性佳話。

看見別人的難處與需要，盡己所能付出真愛，不想回報，這就是無為而為，大有福報的善的作用力。無條件的愛，講的就是無為而為，無為就是不為獲取自己私利的作為。

如何知道人類的所作所為是「處在無為而為的狀態」？

這答案只有自己最清楚。

無為而為的作為就是：眼裡只有他人的需要或眾人和後代的利益，取自己當取，給自己所能給，心生喜樂的感受是無為而為的人當下得到的報酬，不是金錢物質的獲取。

很多承襲上一代福報庇蔭的人，根本不知道自己得來的一切，是上一代無為而為的善行傳承下來的結果。他們只顧享受著財富榮耀，忘了無為而為的不滅定律，「富」難代代相傳道理在此。把無為而為的定律傳承下去，這是你給孩子和世界最好的禮物。

無為而為的心和作為，是自己為自己納福，為孩子造福最好的行徑。更是讓福運臨門、福氣不斷增值最好的投資。成大事者，要善於跟人交換實質利益價值。要做真「好」人，其作為必然要無為而為。好人有好報，精髓在此。

學習，是為自己而學。

作為，要無為而為，不是只為自己而為。

無為而為，大有福報——不滅定律。

記住

你做人做事讓多少人受益，決定你的福氣、福運和福報。

你做的事後續產生的正向效應愈滾愈大，源源好運就會找上你。

愈多人感謝你、尊崇你、希望你好，你就愈有福氣。

智慧提醒

愛心，歡喜付出樂於助人——幸運好運之本。

學習心，持續進步不間斷——自信優勢之本。

企圖心，我能、我會、我做得到——成功富有之本。

同理心、將心比心，尊重對方、給對方好感受——關係和諧之本。

無為而為的心和作為——福運傳家之本。

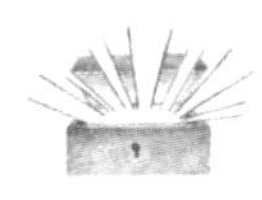

Part 2

來，你來，站上高峰

壯大自己的能力、實力、財力和心理素質，
成為能力大大、脾氣小小、智慧高高的人！

17 你在玩什麼？

——玩，就是「樂在其中」

玩出一身好本領、好本事，人生才會好好玩。

人生最怕兩件事：

一件是玩錯了人事物，一件是沒有找到對的事和物來把玩。

「玩」、「好玩」、「很會玩」——你的人生就要這樣玩！

鄰居有個一歲半的孩子，看見我很會打招呼，我跟鄰居說：「你們很會教育小孩。」鄰居謙虛地說：「我們不知道要怎麼教。」我說：「多多陪他玩。」

父母藉著「跟孩子一起玩」啟發孩子，孩子藉著「學習好好玩」而學出獨特天分優勢。

不管學什麼，成效要好，快樂的感覺為首要。
不管教什麼，效果要好，學的人就要喜歡教的人。

小女兒有一天跟我說：她不想學二胡了，希望把課停掉。在我的感覺裡，小女兒並不討厭二胡，是什麼原因讓她打退堂鼓？原來是孩子不喜歡老師的教學技巧和方式。這讓我生起找尋夠專業又讓孩子喜歡的老師的念頭。幸運總在努力後，故事的結局是孩子玩二胡玩得很起勁，玩得很有成就感，國中和高中的音樂比賽榮獲全市冠軍。

◆◇◆◇◆◇◆◇◆

在一次的聚會中，跟某位數學名師聊了起來，當時我問他：「就『數理』來講，一般認為男生的理解力比起女生要強得多，這件事你怎麼看？」

他說：「其實男女差不多，只差在小時候男女生玩的東西不一樣。」這個回答新鮮到令我驚奇。他接著說：「從小喜歡玩動動腦遊戲和益智玩具，比如拆解模型、組合玩具、拼圖、魔術方塊等等的男生較多，女生則偏愛較少動腦的，像是布偶、紙娃娃、辦家家酒等等的靜態活動。」

聽到這樣的論述，或許無法完全證明它的準確性，但遊戲和腦力啟發兩者之間似乎有點關聯。這個對話發生在小女兒就讀國小三年級的時候，不久，我和老婆買了各式各樣的魔術方塊給女兒把玩，她玩得不亦樂乎。現在回頭想想，女兒會玩出心得，很可能是從小我們讓她任意塗鴉畫畫、閱讀優良讀物、玩七巧板、積木、數獨、上打擊樂、玩樂器，還有跟她玩文字接龍等等遊戲有關。

「玩」，玩出樂趣。

「好玩」，讓人著迷投入。

「很會玩」，獨特專精優勢被你激發出來。

從一個人「長時間」對什麼事物「樂在其中」同時「玩得不亦樂乎」，大概可看出他的專精優勢和成就指數。玩，就是學；好玩，就是樂在學習；很會玩，就是學出專精優勢。

你玩的事和物，是否引領你的生存、生活和生命朝著正面的方向發展？如果「是」，表示你玩對了，請繼續玩。

人生最怕兩件事：一件是玩錯了人事物；另一件是沒有找到對的事和物來把玩。玩，會讓人入迷。玩對了，人生才會好玩；玩錯了，人生一點都不好玩。什麼樣的人會玩出高超的智慧洞見？那些對「認識自己、瞭解人性、人類世界運作」玩得好入迷的人，較能洞悉世事真相。

♦ ◦ ♦ ◦ ♦ ◦ ♦ ◦ ♦

「玩」、「好玩」、「很會玩」：你的人生就要這樣玩。

人生好玩，好玩人生，不是亂玩一通，是要你玩出天賦精彩，玩出眼界格局，玩出平安健康幸福錢來，這樣玩才叫：你會玩。

很會玩，玩對了，你的能力才會強、智慧才會高。你能玩出一身好本領、好本事，人生才會好好玩。

活著，就是要玩，就是要好玩、就是要會玩。

玩，去大玩一場。

記住

玩錯了人事物，不是毀了幸福和前途，就是染上惡習——玩壞人生。

玩對了事物，就會玩出一身好本領、好本事——玩好人生。

對人要有敬意、待人要有愛心，就是不能玩弄任何人。

智慧提醒

玩，是人類的天性。

趣味好玩，是人類持續把玩人生的前進動力。

玩，會讓人入迷，玩要玩對東西，別玩錯了人事物，那一點都不好玩。
玩出一身好本領、好本事——人生才會好好玩。

18 你是思想和行動的巨人

——活著不要只是渺小地長大、庸俗地變老

巨人，就是用光明思想，成功「轉化」逆境之人。
巨人，就是用正向念頭，成功「轉換」心境之人。
巨人，就是用積極行動，成功「創造」順境之人。
你是巨人，就要與古往今來的思想和行動巨人為友。
你是巨人，來，你來，站上高峰！

人類存在地球已有好幾萬年，有數不清的人在地球上生活過。

所有你經歷過或正在承受的問題、逆境、遭遇和痛苦，前人都已經歷過，你並不孤單。生命中所有的問題，都已有實用的解答可提供給現代人參考運用。

要成功富有，有成功富有的作法可供參考。
要化解痛苦，有化解痛苦的智慧洞見可以運用。
要教育出優秀孩子，有卓越的教養方式供人使用。

你只要去萃取巨人們的智慧經驗，變成自己的真實體驗，下一個卓越的巨人就是你。卓越之人就是那些不被失敗和不幸擊跨的人，他們把面對命運折磨時的堅強心態和戰勝挫折的方法傳承給後人，這些人被稱做「巨人」——內心堅忍、思想正向強大的人。

聰明的人就是去吸收他們留下的經驗養分，學習他們堅強致勝的心態，站上巨人的肩膀，勇敢地迎向命運未知的考驗。

人為什麼要向卓越之人學習？因為不進步則退步，不向上則向下。人不持續學習，思想和個性很容易定型在狹隘和負面的向度裡。一旦定型，自我設限、眼界過低、心胸狹隘、觀點膚淺將造成自己生命價值的低落，無法為自己和別人帶來成功幸福的人生。

學習、學習、再學習，站上一個又一個巨人的肩膀。有一天，你也會是生命長河中那個最耀眼動人的巨人。別人也將站上你的肩膀，擷取你生命最高的智慧洞見，打從心底向你致敬，感謝你提升了他們的視界，幫助他們找到生命的解答。

卓越之人：喜歡與巨人為友。

聰明之人：會求教、求助於古往今來的思想巨人。

活著，不要只是渺小地長大，不要只是庸俗地變老，努力去成為巨人——成為思想和行動的巨人！思想的巨人就是成功轉化逆境的人；行動的巨人就是站上成就高峰的人。

在成為巨人之前，要先與古今中外的思想巨人和行動巨人為友。

別讓自己的思想和個性，定型在自卑、負面、高傲的向度裡，把自己活壞了、活小了。所謂的「長大成人」，就是把自己的思想、眼界、愛心和自信優勢，活到最大的人。

巨人活出的智慧，是為了指引迷失和困惑的人們，是為了撫平和療癒受傷的心靈。巨人大聲地提醒人們：不要只是活著，要綻放精彩活出美好；不要只是身體變老，要活出愛和智慧洞見；不要停止學習，要去認識自己、瞭解人性；不要悶悶不樂一天過一天，要歡欣鼓舞樂活在每個當下時光。

每個人都會有黑暗和低潮的時刻發生，聰明人就是要盡早與巨人為友為師。在我的書架上，我的巨人朋友比我現實生活中的朋友不知多了多少倍，這些巨人朋友古今中外皆有，我感謝他們壯大了我的生命，給予我如此珍貴的成長養分，他們是我人生最強而有力的後盾。

巨人，就是用光明思想成功「轉化」逆境之人。
巨人，就是用正向念頭成功「轉換」心境之人。
巨人，就是用積極行動成功「創造」順境之人。

人，最了不起的二大生命素質：把負面傷害和挫折「轉化」成前進的動力；把消極墮落的黑暗思想「轉換」成主動積極的光明思想。持續轉化，不斷轉換，人就能用思想和行動創造和活出巨大的美好。

你能把不如所願之事，用思想轉念轉化成前進的動力。你能把自己的專長優勢，用行動創造出自利利人的貢獻價值。

你是思想和行動的巨人——來，你來，站上高峰！

記住

思想的巨人：把消極墮落的黑暗思想「轉換」成主動積極的光明思想，成功轉化逆境的人。

行動的巨人：把負面傷害和挫折「轉化」成前進的動力，站上成就高峰的人。

智慧提醒

所謂的「長大成人」，就是把自己的思想、眼界、愛心和自信優勢，活到最大的人。去跟古往今來的思想巨人為友，你才會真正長大——成為思想和行動的巨人。

用光明思想轉化逆境、用正向念頭轉換心境；用積極行動創造順境、用目標夢想創造渴望的美好。你是思想和行動的巨人——來，你來，站上高峰！

19 壯大自己——能力、實力、財力和心理素質

去成為能力大大、脾氣小小、智慧高高的人。

人本無知，須廣學精華，才能壯大自己。

人不學，無以壯大納福；人不低調謙卑，無以消災避禍。

智慧高高的人：懂得「尊敬、接納和欣賞」自己、孩子、伴侶和他人現在的樣子。

憂鬱、恐慌、焦慮正在折磨著當代人類。

金錢、工作、與他人的關係所造成的壓力，是人鬱鬱寡歡的主因。

一個人的心理素質若過於脆弱軟弱，就會把別人的言語行為透露出的訊息，解

讀或擴大成巨大的負面壓力；腦海裡恐懼害怕的想像，若得不到緩解，終將壓垮自己的神經和精神系統，恐慌、憂鬱和過度焦慮就是它的結果。

去壯大自己的能力和心理素質，人因壯大而不怕傷害。同時請注意身旁心理脆弱軟弱之人，不要把你的情緒垃圾往他身上丟。

心理素質脆弱的人，都有一段共同的經歷，那就是——

在生活中接收了太多負面話語和情緒毒素；感受不到身邊人的愛和支持；對活出美好人生的智慧、洞見和道理沒有興趣也無法領悟；內心過於敏感脆弱，對於他人釋放的負能量，太容易對號入座而受傷；無法忘懷和寬恕他人造成的傷害，變成一生揮之不去的夢魘。

這樣的心靈長期處在荒漠乾涸的狀態，得不到甘泉滋潤的生命，因為心死絕望而憂鬱。

在原生家庭、婚姻生活、職場壓力中，那些較無自主權又無積極向上進取心的人，最容易脆弱、軟弱、自卑、抗壓不足而抑鬱終生。

心理素質脆弱者常見的特徵和反應：

生活沒有目標，做事三分鐘熱度，活不出自信。

對任何的溝通或建議不想學習，都是以是「我不好、我做得不好、都是我的錯」收場。

說的話、用的詞句過於悲觀消極：很煩、很慘、累死了。

個性過於內向，不擅長處理人情世故。

生氣時習慣性壓抑憤怒和情緒，認為自己不討人喜歡。

遇事時慣性自動想像負面結果，常小題大作。

缺少彈性，執著自己認知的點，容易造成自己和他人恐慌。

心封閉不想探索自我和世界。

從上面的特徵中反其道而行，就能從軟弱中壯大起來，當負能量再來襲時，如風吹過而無痕，這樣的心理素質才夠強大。

現在的你，能力、實力、財力和心理素質夠強大嗎？

你從過去到現在都在接觸什麼？累積什麼？它們會決定你現在的樣子和未來的處境，它們是你壯大自己或是弱化自己的原因。人要壯大自己，靠的是巨大的學習力、執行力、創造力；大，人才能大大不同。

父母是為壯大孩子而存在；老師和教練是為壯大學生而存在；國家是為壯大人民而存在；自己是為壯大自己而存在。

海處低下，能廣納百川，所以成其大。

人本無知，須廣學精華，才能壯大自己。

人不學，無以壯大納福；人不低調謙卑，無以消災避禍。

是人皆平等，無高低和上下之分。看見自己的渺小，活出自己的偉大，人強大而感低下，此乃大智之人。大智之人：實力強，人低調；智慧高，人謙卑。

人生最恐怖的事：沒有錢活下去、感覺不到生命活著的價值、染上惡習無法自拔。人生最無知的事：不知道此時此刻安於平凡和樂於平淡，才是此生幸福的美好。人生最可惜的事：沒能發掘自己的天賦才能，勇敢逐夢。人生最愚蠢的事：放不掉讓自己痛苦的想法，太過當真別人的說法。

人生最重要的事就是去壯大自己的「能力、實力、財力和心理素質」，壯大到變成一個「能力大大、脾氣小小、智慧高高」的人。智慧高高的人，明瞭心理素質要強大，每個人都需要愛和正能量的長期灌溉。智慧高高的人，懂得「尊敬、接納和欣賞」自己、孩子、伴侶和他人現在的樣子。

你真能這樣壯大自己，成為能力大大、脾氣小小、智慧高高的人——「偉大卓越」由此定義。

記住

你不喜歡別人現在的樣子，你想立即改變別人現在的樣子，你不知道，別人也想改變你現在的樣子。想改變對方的想法，正是關係衝突、人痛苦的主因。你只能去尊敬、接納和欣賞別人現在的樣子，也就是你只有接受事實和現實，你才會獲得心的平靜。讓自己變得更好，持續提升思想、情感、行為和話語中愛和智慧含量，這是你跟人互動最好的影響力和最強的溝通力。

智慧提醒

別讓你的存在成為別人憂鬱、恐慌、焦慮和疾病的推手。去跟別人一起歡笑、學習、共同成長，更重要的是，去接納和欣賞別人現在的樣子。

去壯大自己的能力、實力、財力和心理素質，壯大到成為一個「能力大大、脾氣小小、智慧高高」的人。

20 人生首要——喜歡善良和優秀的自己

人生必要——快樂向錢看。

善良是你的福氣；知識是你的力量；

能力是你的翅膀；洞悉人性的智慧是你的護身符。

名利上身表示你的好被人看見、讓人說讚。

「富居深山有遠親，貧居鬧市無人問」，這是個金錢和名位至上的世界。沒有金錢，你什麼都不是；沒有名位，你不會有份量。有名有錢，人聲鼎沸；沒名沒錢，人走茶涼。

這人情冷暖的事實是人性的現實，毋需感慨。

人們以為有錢了、出名了，就會幸福就有一切，這迷失搞得大家都用金錢和名位在衡量人的價值。

金錢和名位之於人固然是重要的，卻不應被放在衡量人性價值和關係對待的首要位置。

多少名人不就是葬送在金錢和名氣的得與失裡。人若找不到「生存、生活和生命」的首要價值，名與利不會是恩賜和祝福。

生存首要：對他人的美好做出貢獻。

生活首要：喜歡善良和優秀的自己。

生命首要：愛、開竅與覺醒[2]。

◆ ○ ◆ ○ ◆ ○ ◆ ○ ◆

註2 想對「愛、開竅、覺醒」的智慧洞見瞭解更多，推薦閱讀：《52個覺醒的練習》。

人在社會要生存發展得好，必須有能力為眾人做出巨大貢獻價值。頭腦裡的想法要能真正解決問題，實際的作法要能帶給社會群體美好的生活。

人生要過得好，就要跟別人快樂和諧地活著。這樣的人是個集「善良、幽默、笑容、氣度和自信」於一身的人；這樣的人會永遠喜歡現在的自己，「喜歡善良又有能力的自己」這是生活首要，希望的開端。

生命要至善至美，癡迷和無知要愈少愈好。心思執著迷戀對事業和家庭幸福沒有幫助的人事物、自己的個性言行竟是職場成功和生活幸福的阻礙，這是人類癡迷無知的特徵。

要從這樣的現狀中醒悟過來，人就要先開竅，覺察到自己的問題排開阻礙，再用愛和良善的動機去做事、去說話、去和別人共好，這是生命首要之事。

去為他人的美好做出貢獻。
去喜歡善良和優秀的自己。
去開竅，從執迷的人事物中覺醒過來。

用愛待人，歡喜共好。

它們才是你職場生存、人生追尋、生命成長的首要，先確立做人的首要價值，接下來你就可以「快樂向錢看」。快樂向錢看，人生大大的必要。

名與利是人生最美的成就感，名利上身表示你的好被人看見、讓人說讚。名與利最美的價值是為服務眾人而存在而珍貴；不擇手段，名不符實，不再被人喜歡，人將被自己暗黑的行為反撲，吞噬掉一切的美好。作為和處事，能利益他人者，必豐收名利；不利他人者，名利將毀盡。

名與利，可追、可求、可要，但人生首要是：喜歡善良和優秀的自己。

首要——最值得你要。

◆ ○ ◆ ○ ◆ ○ ◆ ○ ◆

對待任何人，要心存敬意和善意；對需要幫助的人，要能伸出援手。

做人和花錢要「量力而為」，做事和學習要「全力以赴」。

做人做事，要對得起自己的良心。

信任人的同時，在面對自我利益時，對人心和人性要有防備和防範的心，因為人性的本質是自私自利，經不起誘惑。

善良是建立在愛、智慧和能力的基礎上。

用愛、智慧、能力，做自己心地善良的靠山。

喜歡自己，因為自己真的很善良。

記住

做人和花錢要「量力而為」。

做事和學習要「全力以赴」。

做人做事要對得起自己的良心，對得起別人的付出。

何謂善良的人——

用愛待人，用良心做事的人。

智慧提醒

善良是你的福氣，知識是你的力量，能力是你的翅膀，洞悉人性的智慧是你的護身符。善良不是懦弱無知，善良是愛、能力和智慧的綜合展現。身處人心自私險惡的世界，你的善良、優秀能力和洞悉人性的智慧，是你自己永遠的依靠。自己依靠自己——「踏實」由此定義。

21 歡迎來到「成功至上」的世界
——成為別人心中最珍貴的人

珍貴的是你的愛、智慧、能力和美好個性。
你珍貴——我珍惜，我愛你，我謝謝你。
去看見美、享受美、活出美、留下美。
完美的不是你的人，完美的是你活在美的感受裡。
永遠喜歡現在的自己，你的「完美」由此定義。

有一次，我應邀到某機關團體跟他們的志工演講，演講完，大批聽眾圍著我問問題。

此時，傳來一陣歡呼掌聲，原來是團體最高領導人蒞臨會場。很快地，圍著我的聽眾一哄而散，轉身跑去找那位領導人，這讓我見識到人們追逐、崇拜成功名人的心理效應。

你是個人才。

你是號人物。

你真有本事。

你有好點子、好創意。

你能解決問題、達成目標、創造績效。

你善於整合人力與資源，顛覆舊模式，創造新價值。

若你有上述條件，歡迎來到成功至上的世界，這是屬於你的世界。

在這個世界，你必須找到熱愛的事物，做著滿足廣大人們需求的事，耐心持久地學習、學習、再學習；練習、練習、再練習；進步、進步、再進步——那麼，你值得成功。

去追求成功，去喜歡成功，去用成功造福更多人，好好地活在這個成功至上的世界，樂活在其中。同時，不去吹捧在這個世界揚名立萬的成功人士，因為你並不知道他們的心地如何，更不要迷失在被人吹捧的虛榮世界裡，因為你並不完美。

人，不會完美；人生也不會完美，所有人都一樣。人生永遠走在通往完美的路上，在路上學習、進步、修正和活出美好，這樣的人生會讓你在不完美中看見美、享受美、活出美、留下美。

人類為成功下的定義，不是名位就是財富，這定義華而不實。去成為別人心中最珍貴的人，這是表揚好人好事代表最佳標準。從古至今關於「成功」的定義，這句「成為別人心中最珍貴的人」最深得我心。每個人，都應該去成為身邊人心中那個最珍貴的人。

珍貴的是你的愛、智慧、能力和美好個性。

給人們一個珍貴的你，珍貴到讓人珍惜、感恩、喜歡有你。

當很多人喜歡你對待他們的方式，讚佩你做事的能力，感謝你給予他們的一切時，你的珍貴，就是珍貴。

你珍貴——我珍惜、我愛你，我謝謝你。

成為別人心中最珍貴的人，你的「成功」由此定義。

記住

人生完美的時刻就是你能看見美、享受美、活出美、留下美。

完美的不是你的人，完美的是你活在美的感受裡。

你的念頭和話語愈少，少之又少，你愈能看見美、享受美。

你能活出天賦，才能綻放精彩價值，才能活出美、留下美。

永遠喜歡現在的自己，你的「完美」由此定義。

智慧提醒

在家人和某些人心中，你珍貴嗎？

你能珍貴到讓人歡喜感恩，感謝有你——你成功了。

成為別人心中最珍貴的人，珍貴的是你的愛、智慧、能力和美好個性──「成功」由此定義。

22 成功錢來三部曲
——事業思維、品牌思維、回饋思維

事業思維：讓自己的能力和角色，日益增值、利人利己。
品牌思維：創造的價值，好到你的心坎裡。
回饋思維：愛的顯現，無條件地給予。

我出生在純樸的農村，在那個年代，村裡很多小孩為了幫忙改善家中經濟，選擇提前中斷學業，進入職場工作，堂哥就是其中的例子。

堂哥國中畢業，十六歲就去製造電熱管的工廠當學徒，不到三十歲就自己開工廠，創業當老闆。四、五十歲，事業成就已是家族的榮耀。堂哥的一技之長和創業家精神，照亮也造就了他光明的人生。

想在社會上嶄露頭角，比起出生背景和學歷，更重要的是自己是否擁有被市場需要的專長優勢，以及創業家勇敢挑戰的精神。職場，我要做自己的老闆；生命，我要做自己的總管；人生，我要做舞台的主角。這獨立自主的成就感、卓越感、自由感，渴望的人都該來嘗嘗它的滋味。

想要擁有專長優勢，你需要一段長期鑽研核心技術的過程，過程中若能結合「事業思維、品牌思維、回饋思維」，任何人都能在自己擅長的領域闖出一片天。書中自有黃金屋，說的是知識和智慧的珍貴。唯有把工作變成事業來經營，把工作當作事業來做，勇敢成為人生舞台的主角，這工作才能創造大成就、招來大財富。

想賺大錢。

想做自己。

想要有成就感。

想要說話有份量。

想要有能力給人幸福、助人。

請你要有創業精神和事業思維：創業精神，就是在你的圈子和領域中做出名利雙收的工作；事業思維，就是我要讓自己的能力和角色日益增值和利人利己的積極作為。成功的主角，是讓無數的配角為他的精彩甘心歡喜貢獻一己之力，並同時明瞭自己也是成就他人精彩的眾多配角之一。

無論現在你做的是什麼工作、想開創什麼事業，首先，你學的、你會的、你做的事必須要有廣大和長遠的市場需求。接下來，你必須讓眾人為你的優勢叫好，最後你要有被人信任、信賴的品牌標籤。

成功錢來三部曲：事業、品牌、回饋思維，它們是你賺得「好名聲、大利益」的主要根基。

想贏更大，你的「事業思維」要緊跟著「品牌思維」；想贏更久，你的「事業思維」要緊跟著「回饋思維」。事業、品牌和回饋思維，是任何想在職場、商場成功勝出的人，一定要具備的思維。

事業思維：我的人生我做主，讓自己的能力和角色日益增值、利人利己。

品牌思維：美好價值的創造。創造出來的價值，就是要好到別人的心坎裡。

回饋思維：愛的顯現，無所回報的給予，明瞭自己擁有的都是別人給的，懂得感恩的人會心生歡喜去幫助別人。無條件挹注他人，此心人間最美，此人會豐收滿滿的福報。

很多人一生活得不好，就是他的生命和工作少了事業、品牌、回饋思維。很多企業愈經營愈走下坡，就是企業主少了品牌思維和回饋思維。

你的人生就是你的事業，你需要活出成功的條件和幸福的智慧，做出讓老天賜福給你的理由，讓自己的能力和角色日益增值、利人利己。這「條件、智慧和理由」，你有，成功幸福就很簡單；你沒有，就很艱難。

成功事業家的特質：好學習、愛閱讀；不剛愎自用；管控成本和風險；追求卓越品質；堅持道德良心；感恩擁有、樂於回饋社會；善用人才、懂得傾聽員工和客戶的聲音；圓融人際和社會關係；一起更好、共好的專業團隊；為客戶創造更高價值；建立優質品牌；擅於正向連結行銷自己、產品和公司等等。

人生一切的成就：始於思維，成於行動——唯真不破。

記住

你得到的，都是別人給你的；你給出去的，也是別人給你的。

別人給你，為何你不給別人？

回饋給予，你擁有的，會再給你更多。行善助人，切勿犧牲殆盡，窮苦自己。

智慧提醒

我為什麼要創建這份事業？成就自己，美好別人——這個答案：好。

我用什麼去取得事業的成功？有我真好，一起共好——這個理由：好。

社會上有些賺大錢的人，沒有好背景，學歷也不高，他們致富的原因是他們有創業精神、事業思維、致勝心態和想做就做的行動力。

23 我就是要你「瘋‧愛‧迷‧戀」

——品牌：我是、我來、我成為

從孤芳自賞變成芬芳眾人；從沒沒無聞變成名揚四海。

我們喜歡你這個人，你就是好品牌。

我們渴望擁有這東西，這東西就是好品牌。

你是好品牌，你就有好價值、好價錢。

「我是潮流，要擄獲你的心。」

「我是趨勢，要讓你追隨、跟隨。」

這是世界舞台，要能脫穎勝出的成功關鍵：就在品牌密碼。這品牌密碼適用在人、產品、技術和服務上，引領潮流、創造趨勢——「創新」由此定義。

你的「人」在別人心目中的人品指數和能力高低，決定你現在生命的品牌價值。你的「產品」、「技術」和「服務」在消費者心目中的喜愛指數和需求高低，決定你創造它們的品牌價值。

用品牌的思維來經營人生，用品牌的角度來經營事業，讓品牌價值高、更高、再高；你的錢會多、更多、再多；你的成功會大、更大、再大。你會活出生命最大、最高、最棒的成就感！

品牌價值活在別人的心裡和感受裡——它會豐富你的人生，燦爛你的歲月。

我們喜歡你這個人，你就是好品牌；我們渴望擁有這樣東西，這樣東西就是好品牌。

你是好品牌，你就有好價值、好價錢。

愈多人喜歡，愈多人渴望擁有，就是愈好的品牌。

孤芳自賞，賞味期不長，下架遲早來臨。

從孤芳自賞努力變成芬芳眾人：你的品牌價值，超有亮點。

從沒沒無聞到名揚四海，就是喜歡你的人、就是要你提供的東西，讓它發生就叫品牌威力：你好威，就會好威風。

品牌，就是要你：瘋、愛、迷、戀，這定義真實極致。讓我瘋、愛、迷、戀：你的人、你的言行舉止──你的魅力無法擋。

品牌：我是、我來、我成為。

我是品牌，就是要你：瘋、愛、迷、戀。

記住

我們都相互活在彼此的心中，用善和愛的作為，將自己的至高價值置入到他人的心中，你就能擄獲幸運之神的心。

你的作為能帶給他人至高價值，福分就會連本帶利持續增值回到你的身上，自己就是自己作為的最大受益者，「天之驕子」由此定義。

擄獲幸運之神的心，成為天之驕子──我是、我來、我成為。

智慧提醒

人類是標籤化和價格化的動物。

任何的宣傳和廣告最終的目的，都是為了把標籤深植到他人的腦海和心裡。標籤，已被人貼在你身上，價值高一點，感覺好一點，這是你應該要努力的方向和目標。你的好，就是要讓人：瘋、愛、迷、戀。

24 包裝幸福

——讓我看見你最美的樣子

你說出口的故事——自己精彩動人的故事。

請用「幽默、事業、閱讀和正念愛語」創造你的幸福。

請用「快樂、發財、智慧、覺醒」包裝你的幸福。

請用美麗，抓住我的眼球；請用你的好，擄獲我的心。

你的幸福，映現你的美麗。在有你的空間，把它填滿幸福。

女兒生活中的小確幸，就是收到媽媽送的小禮物。

在生活中，我不時地會聽到孩子驚喜的歡呼聲：「哇，這個怎麼這麼可愛、這麼漂亮、這麼好用、也太美了吧！」

不只是小孩，平時我們也會聽到身旁的大人們發出同樣驚喜的讚歎聲。禮物，最驚喜的時刻：就是在收到「愛」的那一瞬間。去創造和延長那一瞬間，在有你的空間把它填滿幸福，這是你給自己和身邊人最美的禮物。

美，吸引眼球，挑動欲望。

好用實用，擄獲人心，讓人渴望擁有。

行銷專家說：「『廣告和包裝』是離收銀機最近的距離。」意思是，好的廣告和包裝會激起消費者購買的欲望和衝動。成功的廣告和包裝對品牌價值只有加分效果，產品本身和內容物的價值才是致勝關鍵。

幽默是離快樂最近的距離。

創業是離發財最近的距離。

閱讀是離智慧最近的距離。

正向念頭和愛語是離覺醒最近的距離。

快樂、發財、智慧和覺醒是你離幸福最近的距離。做得到，幸福來了；做不到，幸福走了。想靠近幸福，你做的事，別拉大距離。

用「幽默、事業、閱讀、正念愛語」在你的生命裡創造「快樂、發財、智慧、覺醒」。讓你的思想情感、言行舉止、穿著表情，裡裡外外都包裝著幸福。打包自己的幸福，包好包滿專業知識、愛的情感、智慧洞見、致勝態度。這包禮物自用分享，世上最好。

要打包你的幸福，你過的日子最好要有一段長期學習和打拚上進的勵志故事。要包好包滿你的幸福，你講述的動人故事，主角最好是自己，內容最好是你感動別人的美好情節。

如果你問我：「什麼樣的女人最美麗？什麼樣的男人最有魅力？」我會這麼回答你——

最美麗的人：洋溢幸福的人。

最有吸引力的人：活在幸福裡的人。

我幸福，我要你也幸福，這就是愛的魔力。當我看不見和感受不到你的美，證明你的幸福不見了，你不是自己沒有愛，就是別人不再愛你了。看看戀愛中的男女，他們的笑容和美麗是因為藏不住的幸福；看看婚姻中的男女，他們的無趣和痛苦是因為幸福怎麼不見了。

包裝幸福，在你過的日子裡，在你的生命故事裡，在你自己和別人的心裡。活著就是要快樂，日子就是要幸福，心情就是要歡喜，自己先溢滿幸福，你才能給別人幸福、跟別人一起幸福。

去學習和效法別人成功的故事。

去講述自己樂觀上進和感動人心的故事。

世上最不缺的是痛苦的人和悲傷的故事，別沉溺在自己痛苦的悲傷裡，別傳播悲傷、悲哀、悲觀的人生情節。因為回傳給你的，是它不變的效應。

幸福，是你最美的樣子。

你的幸福，會映現你的美麗、你的愛、你的智慧。包裝幸福，讓我看見你最美的樣子，聽見你感動我的真情故事。

請用美麗，抓住我的眼球；請用你的好，擄獲我的心，你寫下的生命故事就叫「精彩動人」。你「精彩動人」，我「為你歡呼」。

記住

想要幽默風趣就去練習說笑話，直到很會說笑話。

想要感動人心讓人鼓掌叫好，就去學會說故事，說到耐人尋味，感動不已。

想要生活充滿快樂，你就要喜歡微笑又會說笑。

想要生命精彩無比，你述說的動人故事，就要是自己的生命故事。

智慧提醒

請用「幽默、事業、閱讀和正念愛語」創造你的幸福。

請用「快樂、發財、智慧、覺醒」包裝你的幸福。

最美的人：洋溢幸福的人。最有吸引力的人：活在幸福裡的人。

幸福，是你最美的樣子。讓你的思想情感、言行舉止、穿著表情，裡裡外外都包裝著幸福，你的幸福會映現你的美麗。包裝幸福，讓我看見你最美的樣子。

在有你的地方，填滿幸福。

25 去銷售你的好

——一起成交「共好」

「共好」——「共贏」生命的美好。
現實人生是：價值的交換和關係的對待。
現實，會看你的錢；事實，會看你活出的價值。
想過好人生記得去迎合，別去對抗、違逆這現實人生。
去做個最棒的銷售員，賺到金錢、情誼、快樂、生命的美好。

人與人，價值的交換就叫「現實」。

人與人，關係的對待就叫「人生」。

「現實人生」，就是價值的交換和關係的對待，要好要壞，取決於每個人各取所需的滿意程度。現實就是現在正在進行的事實，是事實就要接受、要坦然面對、要懂得經營。想要過好人生，記得去迎合事實，別去對抗、違逆這現實人生。

現在的你，如果不夠成功，問題就是出在：你沒有跟人們做更高價值的交換。現在的你，如果不夠幸福，問題就是出在：你和他人的關係對待出了問題。

你必須認清這個現實和事實，對焦在你的價值提升和美好關係對待的修正上，你才能過著成功、富足、健康、幸福的人生。

人類為什麼要受教育？我們又為什麼要永不間斷地自我學習？目的只有一個：提升自己更高的貢獻價值，同時跟他人營造出美好關係的對待。這個目的，才是人類學習和教育的最高目標和指導原則。

你能讓身邊人和眾人喜歡、感動、感恩有你──你就是會做人的人。

你能讓他人和群體都能受益、歡呼、感謝有你──你就是會做事的人。

你做人做事的能力會展現出你的生命價值，這價值永遠可以高、更高、再高。人生路上，每個人都應該是最棒的銷售員和交易員。把自己生命至好的價值，拿去跟他人交換生命的美好，它可以是愛、金錢、快樂和成就感。

◆○◆○◆○◆○◆

現實，會看你的錢。事實，會看你活出的價值。

世上有四種人，你一定要讓他們知道你的好，讓他們喜歡你：自己、家人、朋友和客戶。去銷售你的好，跟人們成交「共好」，一起「共贏共享」金錢和快樂的美好。

價值：自己學習和成長的極致綻放。

銷售：讓別人知道你的好、需要你的好。

交換：互通有無，樂在其中。

成交：共好共贏，皆大歡喜。

去做個最棒的銷售員，跟人們交易你的好，賺得人生最棒的報酬：金錢、情誼、快樂、生命的美好。這人生最棒的報酬，被你賺到了。恭喜你！

♦○♦○♦○♦○♦

去活出你的「好」，銷售你的好，跟人們成交「共好」，一起「共贏共享」生命的美好。現實，會看你賺了多少錢；事實，會看你給出多少價值。記得活在事實裡，你才能面對人生的現實。

記住

你的能力產出的價值，決定你賺得金錢的容易與否？決定你獲得金錢數量的多寡？現實人生的重點在你的能力和價值，別搞錯和錯失重點。

智慧提醒

「現實人生」就是：價值的交換和關係的對待。想過好人生記得去迎合，別去對抗、違逆這現實人生。

每個人都應該是最棒的銷售員和交易員，把自己生命至好的價值，拿去跟他人交換一切的美好。人生要好、工作要好、事業要好，現在就去「銷售你的好」，跟人們「交易你的好」。賺得人生最棒的報酬：金錢、情誼、快樂、生命的美好。

26 把你的好料端上來

——讓人口耳相傳你的好

把你的念頭練「好」，
把你的話語練「好」，
把你的心地善良和能力優勢準備「好」，
去做個真好人，好人好幸福，這是你的好福利。

當照著鏡子看著自己時，你會喜歡鏡子裡的那個人嗎？

一個心地好、能力強、智慧高的人，自己看自己會愈看愈可愛、愈看愈喜歡。你是真好人，你就會永遠喜歡現在的自己。

真好人：就是好念頭和好話語好多的人。真好人：就是帶給別人好多好感覺的人。真好人：就是行為作為能美好他人的人。好人好幸福——做好人，這是你的好福利。

頭腦，第一個跑出來的念頭，沒有練過、練好，很難跑出好念頭。

嘴巴，第一句說出口的話，沒有練過、練好，很難說出好的話語。

印象，第一個浮現的感覺，沒有心地善良的智慧和真材實料的能力，很難給人好感覺。

好念頭要刻意去想，若任憑頭腦自動聯想，那些念頭很少是好念頭，痛苦常由此而生。活得痛苦和經常生氣的人，相貌都不會太好。更新和提升自己的思想，才能美好自己的情感、行為和話語，你的「相貌」就會漸漸呈現柔和光亮的美感。

想說什麼就說什麼，你說出口的話很少是好話語，爭吵常由此而來。刻意去想好的念頭、刻意去說真實的好話語，直到它成為你的好習慣，這個好習慣會讓你又成功、又幸福、又有美感。

你的人生要美好，頭腦就要常常跑出好念頭；你的生活要幸福，嘴巴要常常跑出好話語；你的工作和事業要成功，做人做事就要讓人口耳相傳你的好。

商業廣告：誇獎、誇大自己的好，這是廣告成功的最佳利器。人生廣告：真材實料，深植人心，讓人口耳相傳你的好，這是你創造成功的最大利器。

真正好的產品和服務，大家會爭相掏錢來購買。

真正好的人，大家會打從心底誇他好、說他讚。

人生不需要為別人而活，不需要討好所有人，這是真的。但是，你若想要過個成功幸福的人生，你的價值、你的好就要獲得別人的認可。很多做大事業賺大錢的人，他的好，家人和社會大眾並不認可，他的成功很失敗。

成功或失敗，不以權位高低和金錢多寡來衡量，唯一的標準是你的「好」，要讓人說：「好！」無論你跑到哪裡，做什麼事，你的好大家都說好，你正在做的就是個有口皆碑的好廣告。閱讀我這本書，希望我的好，你會說：好好。我的人生廣告成功了！

行銷自己，靠的是你的行為和作為，真為他人好，不是靠口沫橫飛的話術。

行銷商品，靠的是品質和價值令人讚不絕口的好，不是靠誇大不實的廣告。

行銷自己和行銷商品，就是要好到讓人口耳相傳你的好——好廣告、好會廣告，由此定義。

現在，就把你的念頭練「好」，把你的話語練「好」，把你的心地善良和能力優勢準備「好」，讓你的相貌、氣場、氣質慢慢變「好」，去做真好人，不做濫好人和虛偽虛假的人。

人「相」之美，存乎心念，在於感覺好好。若要美麗常在，就要對此加大力度下大功夫。

為自己做個好廣告，把你最響亮的好料端上來，讓人口耳相傳你的好，讓好事、貴人和金錢從四面八方向你迎來。

記住

只要你是人，人前人後被人數落、批評、說壞話，這是人性使然，更是人生必然。對此，你要淡然以對，別言重了，也別把他人的話看重了。不是每個人都是真好人，真好人真的不多。去把自己活好，別太在乎和顧慮別人對你的看法和說法。你不是金錢，不會人人都看重你、歡迎你、喜歡你。把自己活好，就是你的頭腦要持續不斷被更高層次的思想給更新——「進步、提升和超越」由此定義。

智慧提醒

想要好人緣，加點甜言蜜語，這是幸福的調味料。

想要討人厭，盡量用酸言酸語去批判他人。
想要幸運來敲門，只管去感恩和讚美這個世界。
想要好運擦身過，儘管話匣子打開就怨天尤人。

27 讓世界大開眼界

——有創意、好點子、大洞見

獨領風騷——獨領人生的美好。
創意：把元素組合起來，眼睛為之一亮。
點子：實用、能用、好用的作法或解決方式。
洞見：對人性和問題能看得深、看得遠、看得廣、看得精準。

六年前，我出版第一本書：《震撼你一生所學——自己誕生自己》。內容涵蓋人生各個層面，朋友中有位知名人士跟我說：這本書很多章節都好到能獨立出來寫成一本書，現在把它們全部呈現，未來還有東西可以寫嗎？現在，你看的這本書是我的第三本著作。

「創造力」是衡量一個人能力價值的重要指標，它是人類解決問題和創造價值最好的幫手，它包括：創意、點子、洞見。人活著不能只是變老，人是隨著年歲增長，領悟和體驗可以更高更深的靈性物種。你有寫不完的經歷、體悟和洞見，你活過的才是覺醒的人生。你寫不出來、寫不下去，你正在活的是困惑迷惘的人生。

創意：將元素組合，讓看的人思想極度震撼、情感觸動美好，眼睛為之一亮。

點子：實用、能用、好用的作法或解決方式。

洞見：對人性和問題能看得深、看得遠、看得廣、看得精準。

人要同時擁有：創意、點子、洞見。需要一段長期閱讀學習、敏銳覺察身邊事物和活用知識的實作歷程。有了這段歷程，人的創意、點子、洞見，就會愈用愈多元、愈來愈好用、愈來愈高段——「真有本事」由此定義。

創意、點子、洞見，你的等級到哪兒呢？高段，就該是你的級別，別弱掉了。你最好想方設法擁有它們，這關係著你生活的美好、生命的光彩。

有創意、好點子、大洞見，這是你靠自己學來的珍貴資產，多要一點，別客氣。要成功就要有創造力，要大成功就要有大創造力。

想在你的專業和工作領域獨領風騷，獨領人生的美好，就去展現你高段的創造力。你有創意、你有好點子、你有大洞見，你讓世界大開眼界，你讓人們驚呼不已，你展現的能力價值，將顯現你的與眾不同，你的獨一無二。

與眾不同的是你的能力，不是背景。

獨一無二的是你的價值，不是長相。

用你與眾不同的能力，創造獨一無二的價值，你能讓世界大開眼界，你就能獨領風騷、獨領人生的美好。

記住

讓你成功致富的是：你與眾不同的能力和獨一無二的價值。

讓你幸福快樂的是：對於榮耀與頭銜，得與不得，都不會讓你感到自己有多特殊、多重要或多卑微。

智慧提醒

你能用創意、點子創造出作品和商品，你才會喜歡和欣賞自己的才華。你能用智慧洞見寫出人生真實的體驗，你才會有能力去指引和教導別人。與眾不同的是你的能力，獨一無二的是你的價值。讓世界大開眼界，用你的「創意、點子、洞見」獨領風騷，獨領人生的美好。

28 靈感——靈魂的洞見

傾聽心的聲音，那是愛的指引；活出靈魂洞見，那是你的光。
你想要靈感嗎？你想要聽見內心指引的聲音嗎？
去讀人性、讀好書、讀自己；讀，不要停，讀到它們蹦蹦蹦地跑出來。
讀，就是「瞭解」，就是「真的懂」，就是「有真實的體驗」。

一位學生畢業多年，當上上市公司總經理，邀請我去跟員工教育訓練，上點成長課程。結束後，學生跟我分享他事業繁忙之餘最喜歡跑跑馬拉松。他說平時工作上遇到一些棘手難題，常常在跑步的時候，最佳解決方案會靈光乍現地蹦出來，令人驚喜。

「靈感」又稱靈魂的洞見，它總是在人靜下心的時候到來。很多時候頭腦會先經歷一段百思不得其解的苦思過程，然後當頭腦不再思索那問題，轉身去做別的事讓身心腦處在放鬆和放空的狀態時，不經意的那「最佳解答」會突然蹦出，讓人「啊哈！」驚呼。

很多人常在洗澡、做家事、跑步、散步、獨處等等放鬆自己的時刻，會遇見靈感的降臨。最著名的例子就是：阿基米德在洗澡時發現了阿基米德浮體原理。

人們喜歡教導別人去傾聽自己內在的聲音，這股聲音包含：愛、寬恕、放下、放手、渴望、人生目標、工作使命和為自己而活等等，這股聲音是來自靈魂深處對你最高的愛，順服這股聲音的指引，人會改變、蛻變出更美更好的光明人生。

心的聲音，是對你「愛」的指引。

靈魂洞見，是引領你生命的「光」。

那麼人類的靈感、智慧洞見和內心指引的聲音，是從何處而來？

這問題你必須找到答案，才能擁有它們、聽見它們。這答案就是：誰能把自己的理智和情感提升到較高層次的狀態，他就能擁有它們、聽見那聲音。

如何知道自己的理智和情感已提升到較高層次的狀態？下面的情況可以檢視自己是停留在高或低的狀態：

當問題出現時，頭腦會立即出現「解決問題」的思維，理智會要求自己開始想：我要怎麼做？我要做什麼？我知道怎麼做了，而順利圓滿解決問題。當問題百思不得其解時，人會轉移焦點處理他事，給靈魂時間蹦出智慧洞見，這過程就是理智和情感處在較高層次的狀態。

當問題出現時，就「陷在問題裡」恐慌害怕、不知所措、怪東怪西、推卸責任、遷怒他人、咆哮生氣、抱怨成性，這最差的反應就是人的理智和情感還停在較低層次的狀態。

另外，為小事抓狂和小題大作的爭吵，都是理智和情感發展不成熟的典型徵候。在這樣的狀態中，人很難聽到來自靈魂深處的洞見和心的聲音。

另一個簡易測試的方式就是：

以前的你大都是人云亦云，後來你開始有了個人淺見，現在的你竟能說出、寫出智慧大洞見，這表示你的理智和情感已提升到較高層次的狀態。若你現在的觀點和見解還停在人云亦云的階段，參考價值不高，表示你的理智和情感還有很大的成長空間。這本書是我靈魂洞見的結晶，希望它能幫助你提升理智和情感的層次。

靈魂洞見有兩種——

一種是立即看見問題的根源，當下做出最好的處理方式，這就是人們常說的：直覺。

一種是同時考量宏觀和微觀要素，深思熟慮得出最接近真相和最大利益的客觀見解。

你想要有靈感嗎？你想要聽到內心指引的聲音嗎？想要，就要有濃厚興趣去讀人性、讀好書、讀自己。

讀，就是「瞭解」，就是「真的懂」，就是「有真實的體驗」。

讀，一直讀，讀的時候理智會被震撼、情感會被觸動、人會有體驗和感受而開始行動，這是理智和情感正在提升的徵兆。

讀——不要停，讀到靈魂的洞見蹦蹦蹦地跑出來。

讀到——有了，我聽見內心指引的聲音，我要去完成更高的目標和使命。

讀到——我知道問題在哪裡了，我搞定了、解決了！真是太棒了，你開竅了，由此得知。

讀——不要停；讀——答案就會出現。

讀——是找尋到人生各種問題最好的解答。

記住

去傾聽心的聲音，去活出靈魂的洞見，它們是愛和光的指引。

智慧提醒

心的聲音就是心要你去「做自己」的聲音，它會指引你去做更高目標和使命的事。這股聲音有點像是上天賦予你的任務，也就是所謂的：天命。

靈魂的洞見會助你解決和化解困局，它是你穿透一切問題的「智慧之光」。去留意、傾聽、遵循心的聲音的指引，它會為你圓夢；去讓靈魂洞見蹦蹦蹦地跑出來，它會為你解惑。

Part 3

美麗人生

做個幸福的有錢人，
幸福就是幸運加上福氣！

29 幸福＝幸運＋福氣

——給予的愛愈多，幸運和福氣就愈多

記住該記住的，好福氣；忘記該忘記的，真智慧。

愛，在你的言、行中，被你傳遞，讓人領受。

你的幸運和福氣，在你給出去的愛中，會化身幸福回到你身上。

朋友的媽媽年紀愈大愈常提及年輕時被公婆苛刻對待的往事，情緒和話語中藏著深深的怨念和恨，怎麼安慰都沒有用，朋友對此頗感困擾。我母親偶爾也會提起類似情愫，鉅細靡遺的情節烙印著永難忘懷的痛。

「感恩現在，放下過去」是我對母親的回應。然而，她總是說：「你不是當事人不能理解。」我回應她說：「你一直跟我說誰和誰對你不好，你這是要教導我去

恨他們嗎？」母親被我這一問，若有所思不知如何回應。日後在我面前，便較少聽她重提過往。

我跟朋友分享這段我與母親的對話，朋友說：太好了，我來試試。

每個人若能在自己身上和別人的立場上看見問題、將心比心，或許就能放下那人性自我的偏執與迷妄，少受點「回想」之苦。家人親人若能一開始就同心和諧，家和興旺指日可待。

記住該記住的，好福氣。

忘記該忘記的，真智慧。

記住格言、座右銘、愛的箴言、智慧話語、成功法則、經驗教訓和別人的恩典，記得愈多、活出愈多，福氣就愈多。忘記過往事件的傷害、話語的羞辱、對你不好的人，忘得愈多，智慧愈高，痛苦愈少。

對於過往最高指導原則：不重蹈覆轍、把不好遭遇和挫折轉化成進步的動力。

關於自己的幸福：不炫耀自己的福氣，不虛榮擁有，這是修養的真功夫。

對於自己的不幸：不談論自己的悲傷，不提及對他人和事件的怒怨與恨意，這是生命的大智慧。

清空心裡的怨與恨，只保留愛、歡喜和感恩。留最好的給自己，給別人最好的自己；記住對你好的，忘記對你不好的，這是幸福的前提。

幸福：幸運和福氣。它們會在你給予的愛中開花結果，你給予的愛愈多，你的幸運和福氣就愈多。你的幸運和福氣，會在你給予的愛中化身幸福，回到你身上。

你能幸福，才能讓身邊人幸福。別只想找尋幸福，給出你的愛，給愈多你就愈幸福。愛，在你的言、行中，被你傳遞，讓人領受。

你給予的愛愈多，你的幸運和福氣就愈多——這就是幸福的黃金法則。

記住

愛的情感、光明思想和利益他人的行為愈多，你的幸福就愈多。

你的怨念、怨氣、怨言愈多，你的幸福就愈少。

智慧提醒

「感受」是人活著最真實的滋味。

好或不好的感受大部分取決於人當時的想法。

去想、去說、去做讓自己和別人生起好感受的事，好的引來好的，愈多愈幸運愈幸福。你的幸運和福氣，在你給予的「愛」中發生和找到。

愛，在你的言、行中，被你傳遞，讓人領受。領受愛，感受幸福，這是人活著最美的滋味。

30 快樂的人有福了

——用笑料、笑點、笑聲去快樂你我人生

人生哭哭著來，就要笑笑地活。
不比名和利，就比：這一生你笑了多少？你給別人的快樂有多少？
世上什麼都不缺，就缺：可愛的人、有趣的靈魂。來應徵吧！

女兒就讀高中的數理資優班，聊天時她說班上同學都很聰明也很好相處，她很喜歡這個班。唯一美中不足的，就是同學有點嚴肅不懂搞笑幽默，常常不懂她的「哏」（笑點），有點洩氣。

我跟女兒說：在我求學過程中，一個班若能出現一、兩個幽默搞笑的同學就很多了，以後出社會交朋友要碰到有趣的靈魂還真不容易。

當我跟女兒說，我為了引起聽眾的興致，演講開始都會跟他們說：今日的演講是連「哈佛大學」都聽不到的演講。女兒回應我說：「對，因為你都是去跟人『哈拉哈拉』的呀！」從哈佛大學變成哈拉哈拉，我聽了哈哈大笑。

女兒從小就喜歡聽我講故事和說笑話，我樂此不疲，因為我深知快樂的心情是頭腦聰明最好的養分。跟孩子講故事、說笑話、玩遊戲搞笑成了我實踐教育理念的具體行動，在孩子的歡笑聲中，我看見也聽見我的愛正在回響。

人的一生要比就比兩件事：比這一生你笑了多少？再比這一生你給別人的快樂有多少？人出生時哭哭著來，活著就要笑笑地活。比笑容比笑聲，不比名和利，去綻放你的笑容，讓笑聲因你而起，你快樂，世界就快樂，快樂的人最有福了。

想讓自己是個可愛的人，有趣的靈魂，需要具備多方條件，請朝著下列方向和指引去學習、努力、強化：

懂人性：樂於裝傻、解嘲自己。

人機靈：擅於舉一反三，連結笑點。

愛學習：有豐富的常識、知識和創造力當後盾。

善表達：用詞正向、口條流暢。

好感度：笑臉迎人，情緒智商佳。

有故事：自己是個有故事又會講故事的人。

重要的是要有「豁達的人生態度」、「正向思考的常態反應」、「敢秀不怕出糗的勇氣」。你能談笑風生、妙語如珠，笑料、笑點、笑聲將快樂你我的人生。世界上什麼都不缺，就缺：可愛的人、有趣的靈魂。快樂的人有福了，來應徵吧！

記住

人生哭哭著來，就要笑笑地活。

人生要比就比這一生你笑了多少？再比這一生你給別人的快樂有多少？比笑容和笑聲，不比名和利。世上最不缺的是：痛苦的人和悲傷的故事。最缺的是：可愛的人，有趣的靈魂。來應徵吧——就是要你。

智慧提醒

微笑，是給人最好的見面禮。
笑容，是讓自己瞬間變可愛的神奇魔法。
笑料，是美好人際關係的黏著劑。
笑點，是透徹人性智慧的幽默展現。
笑聲，是提升人體免疫力最好的抗體。
好心情，是讓幸運來敲門的最佳嚮導。
快樂的人，真的有福了。讓自己快樂，健康好運最佳吸引定律。

31 看見美麗、聽見幸福、感受美好
——不敬不愛，何來幸福？

愛，美麗了自己，芳香了別人。
你用「愛」養育我，我回報你一個優秀的自己。
「霸凌」這兩個字用在至親的家人，這是對「愛」最大的諷刺。
老天關上一道門，會為你打開一扇窗，前提是你正在努力找尋希望。

老婆有位職場摯友，分開多年各自走入婚姻。日前相約喝下午茶，其間聊到婆婆時她嘴角上揚滿是感恩；聊到自己的母親時，竟紅了眼框。她的母親從小到大對她尖酸刻薄，連自己的外孫女也一樣不給好臉色，她內心一直有個疑問：她叫媽媽的這個人，到底是不是自己的親生母親？

不管是什麼理由，「霸凌」這兩個字用在至親的家人，真是對「愛」最大的諷刺。老婆摯友從小深受母親在言語和態度上近乎霸凌的精神折磨，這樣的痛楚讓她「警覺」到，絕不能讓自己的孩子承受相同的對待。

她的女兒去年大學入學考試，成績高分足以錄取醫學系，她仍然用愛支持孩子選擇自己想念的學校和科系，這是人性之愛最美的對待。你用「愛」養育我，我回報你一個優秀的自己。愛，美麗了自己，芳香了別人。

看見身邊人用醜陋的言語和行為在傷害彼此，這是老天給你的反面教材，老天的美意是要你別承襲父母或身邊人的醜陋人性，拒絕醜陋人性，你的人和人生才會美麗上身。當老天關上一道門，會為你打開一扇窗，前提是你正在努力找尋希望。

心中沒有把人放在重要位置，我行我素無法感同身受對方的感受，做的事和說的話都在傷害他人。不敬不愛，何來幸福？

對孩子、伴侶、父母滿是敬意，這是人性至「真」之愛。

對人這個物種滿是敬意，這是人性至「善」之愛。

對天和地滿是敬意，這是人性至「美」之愛。

敬意之心映現真善美：真善美存乎敬意之心。敬意是愛的基礎，敬意是愛的開啟，敬意是愛的實質內涵，有敬意才有真愛。教育要成功，家庭要幸福，關係要和諧，人要發光發熱受歡迎，待人首要「敬與愛」。

你現在跟家人和他人的關係好嗎？去察覺你心中對人的敬意含量，你就會找到問題的解答。你目前對自己的運氣福氣滿意嗎？去察覺你給人們和世界的愛有多少含量，你就會知道問題出在哪裡。骨子裡沒有「敬和愛」的人，心地醜陋，智慧貧乏，痛苦煩惱熾盛，人生坎坷不斷。

把敬和愛活到骨子裡，讓人們在你的身上看見美麗、聽見幸福、感受美好；讓自己時時活在看見美麗、聽見幸福、感受美好的時光中。

待人以「敬」，給人你的「愛」，你是世上最可親、可敬、可愛的人。把「敬」放在心上，把「愛」給出去，讓幸運和福氣來到你的幸福裡——去跟自己定下這美麗約定。

記住

心中有敬意的人，才會對人釋出善意。

善良之心孕育出的敬與愛，會讓人：看見美麗、聽見幸福、感受美好。

想要幸福快樂，你需要敬與愛的善良之心。

想要成功致富，你需要勇敢行動的決心。

智慧提醒

從他人的詆毀和羞辱中——壯大自己。

從逆境、挫折、失敗中——再一次偉大。

當老天關上一道門，會為你打開一扇窗，前提是你正在努力找尋希望。

32 連結——成為別人喜歡連結的人

在愛裡連結、相互感受：「你是我生命美好的理由。」

想幸福，你就要是家人生活美好的理由。

想成功，你就要是他人和世界美好的理由。

連結成功、連結幸福、連結美好——靠自己去連結。

早上六點，叫醒我的，是妳那溫柔的嗓音；放學回家，迎接我的，是妳那滿臉的笑容。

年復一年，我從女孩變成少女，這些年我回想起來，妳好像從沒罵過我、打過我，比起同齡小孩，妳讓我感受到，我真的很幸福、很快樂。

做為妳的女兒，我期許自己要成長茁壯，我也要給妳滿滿的幸福，謝謝妳為我做的一切，妳是我生命美好的理由，獻給辛苦付出的媽咪：母親節快樂。

這是大女兒寫給我老婆的母親節賀卡，這句「妳是我生命美好的理由」，深深感動我的心。在愛裡連結，相互感受：你是我生命美好的理由。這是人與人之間最美好的連結。

用「學習」和「閱讀」跟自己的生命連結。

用「愛」跟家人連結。

用「合作」與「信賴」跟同事連結。

用「績效」跟公司和組織連結。

用「共贏」和「共好」跟客戶連結。

用「善良」和「感恩」跟人們和世界連結。

用「笑容」跟表情連結。

用「美麗」跟視線連結。

用「正向思考」跟頭腦連結。

用「平靜喜樂」跟心連結。

用「快樂和進步」跟時間連結。

連結，就是結合在一起。連結，就是與自己合為一體。連結對了，結果就會是你要的美好。連結成功、連結幸福、連結美好，自己去連連看，用愛、金錢、能力和智慧去連結。

你是別人喜歡連結的人嗎？是，你是讓世界美好的理由；不是，你的成功真的不成功。成為別人喜歡連結的人：這是你人生最耀眼的成就。

人與人最好的連結：在愛裡連結，相互感受「你是我生命美好的理由」。

記住

想幸福，你就要是家人生活美好的理由。

想成功，你就要是他人和世界美好的理由。

智慧提醒

你連結的人事物，創造了現在的你。

你連結的對象與客體，請擇優連結，要選好的不要濫的。

去成為別人喜歡連結的人，「成就」由此定義。你是別人喜歡連結的好對象，你就能把成功和幸福連結到你的生命裡。

33 變正、好正，超正點
——洋溢滿滿正能量

正能量，讓你好正，讓人生無敵。
正能量就是：正向思考、正向情感、正向話語、正向行為。
正能量是你人生的防護罩和護身符，是療癒心靈創傷的仙丹。
不怕負能量來襲，只怕你攝取、累積的正能量太少。

不久前，孩子興沖沖地跑來跟我說：「嗨！老爸，市面上有一本書要人每天來點負能量。我很好奇很有興趣看看，你每天都在那裡正能量，盡說些光明希望樂觀的一大堆，實在是太古板、太不新奇了。」

我「啊哈」一聲，告訴女兒，「你要負能量嗎？大人的頭腦就是負能量自動產生器，要多少有多少。你現在在外面看見和接觸到的大人，個個正深受頭腦負面思緒的凌遲，自己都不知道。我現在給你好多好多正能量，到你長大時面對自己的頭腦，你才能戰勝那些負能量。」

女兒好像聽懂，說：「哦，這樣啊。」

讓孩子從小在正向的思想、情感、話語和行為中長大，是我送給孩子最好的人生禮物。成為傳遞愛、光明、希望和歡樂的人，是我對自己的期許。把金錢和時間用在正向美好的人事物上，是我喜歡的生活內容。

頭腦因為害怕得不到，恐懼已擁有的會失去，擔心突來的變故，致使頭腦變成生產大量負能量的產生器。負面想法引發的惡劣情緒和惡毒言行變成大人頭腦的本能，只有滿滿的正能量，才能讓你在頭腦生起負面想法引發壞情緒時，把主導權從它手中拿回來。

從負向念頭轉回正向念頭，你能快一點，苦就少受一點。

由負能量變成滿滿正能量，你能多一點，美好就多一點。

別害羞，現在就大聲地對自己說：我好正。
別客氣，現在就大聲地跟世界說：我超正點。

這個「正」是滿滿的正能量，正能量是人生的防護罩和護身符，是療癒心靈創傷的仙丹。我們不怕負能量來襲，我們怕的是你過往攝取、累積太少的正能量。

現在，就去接觸超高含量的正能量。

現在，就去重新檢視你接觸的書、螢幕畫面和人事物中，能否萃取到足夠的正能量。

正能量，讓你好正，讓人生無敵。

正能量就是：正向思想、正向情感、正向話語和正向行為。

讓它們出現的頻率比負向思考、負向情感、負向話語和負向行為多好多，這樣的人就是「正」。洋溢正能量，給世界滿滿的正能量——你是光，由此定義。

變正，好正，超正點——喜歡正能量的自己、正能量的你。

好喜歡。

記住

生活中，你能讓正向思想、正向情感、正向話語和正向行為出現的頻率，比負向思考、負向情感、負向話語和負向行為多好多，你就是正、好正、超正點。

智慧提醒

對幸福和健康破壞最大的是：負面情緒能量。

人類大部分的負面情緒大都是由怪罪他人和恐懼不安的想像所導致，這是頭腦想錯方向的結果。負面情緒：你壓抑就害己，你發洩必傷人。

從自身找解答，從事中找方法，別再怪罪他人，別作負面思考，給世界滿滿的正向思想、情感、話語和行為，溢滿正能量──「你是光」由此定義。

34 讓自己再好一點

——你活不好，是因為你忘了讓自己更好

你已夠好，所以你活著。
自己夠好、一起更好、共享美好。
人一生犯的最大錯誤：對讓自己更好沒有興趣。
活著真好，別忘了讓自己更好。

在我出書後，常有讀者來信，大部分問的是心靈成長和關係對待的問題。其中有位中年女性讀者說她在職場上沒有朋友，而枕邊人結婚愈久，待她愈像仇人，讓她苦不堪言，近日竟生起走上絕路的念頭，她渴望看我的書，希望從我這裡快速找到解決之道。

針對問題，我回覆她：別急，先安定好自己煩亂絕望的心。再來則要省思自己的言行和個性是否帶著刺？是否是顆不定時炸彈？

跟人的互動要變好，先把自己的刺拔掉，拆除那不定時會引爆的炸彈，這事急不得卻能立竿見影。人們活著活著，不知不覺自己已變成一個不討人喜歡的人，這討人厭的言行和個性，正是美好關係最大的殺手。

♦ ◦ ♦ ◦ ♦ ◦ ♦ ◦ ♦

唯有你夠好，命運才會好。唯有你夠好，家人才會好。唯有你夠好，公司和組織才會更好。唯有你夠好，社會和世界才會更好。

人生的大智慧就是：讓自己夠好、更好，再跟別人共好。

生命的大洞見就是：自己夠好、一起更好、共享美好。

人和人生不會完美，只有好、更好、再更好。

人活了一生都忘了一件事，就是你已夠好，所以你活著；你活不好，因為你忘了讓自己更好。跟人的關係，如果你不想、不願也無法離開對方，那就調整自己、改變自己，再跟對方持續深度地會談與溝通，你們的關係會因為你的改變而慢慢醞釀變化，由壞轉好。改變，就是去找到能讓自己變得更好的作法，持續做直到改變成真。

讓自己的思想、情感、話語、行為好一點、再好一點，好到你很喜歡自己；讓自己的心情、脾氣、個性、語氣、語調好一點、再好一點，好到你很討人喜歡。

討人喜歡，你會很幸福。

喜歡自己，你會很快樂。

讓自己再好一點，你會更好。

自己活不好的人，就是在日常生活中：為小事生氣、只想自己好、抱怨、爭執、負面想法、閒話、缺點、惡習、迷信、損友、電視劇、上網時間——太多了。

忘了讓自己更好的人，就是在日常生活中：微笑、幽默、學習、閱讀、正向思考、勇氣、行動、體悟、瞭解、反省、改變、進步、優點、自信優勢、愛語、分享、感恩、善行、心平靜——太少了。

◆○◆○◆○◆○◆

有一位女大學生，個性大剌剌，講話是哥兒們的調調，抽菸粗話樣樣來，上了幾星期的課，跟我說：「老師，我想改變，可是周遭的朋友，都不習慣我的改變，要我別裝了。」

改變自己，是一段自我征戰的孤獨之旅，是新我與舊我的爭戰。唯有看見改變的價值，顛覆舊我的生活模式，才不會再被打回舊我的原型。

人的一生中，犯的最大錯誤，就是：對讓自己更好沒有興趣。活著真好，別忘了讓自己更好，讓自己的思想、情感、行為、話語，永遠再好一點，你才會遇見幸福的自己。

記住

讓自己變好，是一段自我征戰的孤獨之旅。

讓思想、情感、行為、話語，永遠再好一點，那箇中滋味只有變好的人會懂。

智慧提醒

能看見自身的問題、看見問題出在自己身上，這問題有解。

敢跟當事人面對面，誠懇地把問題攤開來講，這問題好解。

問題起因在於人，能在自己和別人身上察覺到起因，這問題能解。

35 你到底有多好？
——你的好，要連自己都覺得好

你到底好不好？你最清楚。
你到底有多好？別人最清楚。
你的好，會讓你成功，好要更好。
你的愛，會讓你幸福，愛要及時。

有一天，我開車到加油站加油，招呼我的是一位綻放純真笑容的年輕男生，他陽光般的熱情帶點書卷氣，吸引我的關注，感覺他的「調性」不像是會在這裡長期工作的人。

我的疑惑讓我開口問他，他告訴我：他大學畢業剛當完兵，考上公立銀行，目前正在等候分發，利用空檔來打工賺點錢。這回答觸動我的心，我立即從車上拿出我的新書送給他，祝福他未來的人生一切順利美好。

有一學期，我教到一班來大學進修的職場人士，他們才剛上大學不久，上了我的課後，每學期都希望學校能排我的課，直到快升上四年級了，我跟他們說：「你們應該多去認識新老師，上不同老師的課，讓新班級新同學也能上上我的課。」他們就此才肯放手，真是可愛。

還有一次，教到一班日間部大學四年級的課，學期結束後他們就要畢業了。上了一個月的課程後，學生跟我說：老師，太晚遇見您了，都要畢業了才上到您的課，真是可惜。又說：聽到您的課，感覺您懂很多是個真正有料的人。

你到底好不好？你最清楚。

你到底有多好？別人最清楚。

領導人和他帶領的人，決定一個國家、城市、企業和組織的偉大。偉大與否在於人，不偉大，就是人出了問題。這人的問題，不是心態就是能力出了問題。你的心態和能力到底有多好？決定你的巨大和偉大。

產品品質、設計感、視覺美學、好用耐用、誠信服務，決定你在商業世界的卓越程度。人品、能力、知識、熱情和智慧洞見，決定你在別人心中傑出和優秀的程度。叫好又叫座——你給出的「好」，由此判定。

想贏、想成功、想賺大錢，問問自己：你到底有多好？是號人物、是個人才，問問自己的本事：你的好有多好？

企業、產品、服務：好，就是要好。

自己、人品、能力：好，就是要非常好。

你到底好不好？這個問題，你自己要真的覺得好。

你到底有多好？這個答案，就在別人能否口耳相傳你的好。

要成功，請從你的「好」下功夫，好要更好。

要幸福，請從你的「愛」下手，愛要及時。
給世界你的好，你的好會讓你成功。給人們你的愛，你的愛會讓你幸福。
你到底有多好？你的好，別人要說好，要連自己都覺得自己好。
有你，真好。叫好又叫座，你，真的好——無限美好。

記住
你的心態和能力到底有多好？決定你的巨大和偉大。

智慧提醒
你的好，要讓人真實感受到。你的好意，要讓人真心感謝。
你的好，要連自己都覺得好。你給出去的好，叫好又叫座，你真的好好。

36 活出人性本「好」
——跳出人性負向本質

別讓自己跟「惡」的距離愈靠愈近：
看不見自己的缺點和盲點。
不承認自己的錯誤，錯的是別人，對的是自己。
被別人指出缺點和錯誤，會惱羞成怒或極力辯解。
習慣性負面思考，總是活在恐懼不安的心境中。
慣用負面情緒處理大小事和對待身邊人，無法感同身受別人的感受。
為利益，昧著良心，只想著自己好就好。

就讀研究所時期的教授，邀請我到他住的城鎮演講，演講完特別請我到家中坐坐。剛坐下，教授就向我恭喜，我尚未反應過來何喜之有？教授立即說：「看到你的演講深獲好評，同時聽見你如此震撼的見解，很是高興。」教授說：「你是帶著『天命』來出生的。」其實，我只是對心靈、企管和教育充滿熱愛學習的心，談不上天命之說。

從一個喜歡聽演講的人，變成受邀演講的人。

從一個喜歡買書看書的人，變成寫書出書的人。

從一個從事建築工程的人，變成作家、大學老師，受邀演講心靈、企管、教育、生命覺醒課題的人。這一轉變只是我熱愛學習自然的發生——脫胎換骨。

年輕時，喜歡探討如何活出美好人生。

進入職場，喜歡探討如何活出成功人生。

當了員工、父母和老師，喜歡探討古今中外卓越人士的觀點與作法。

如果你跟我一樣做了上面的事情，不管你現在扮演的是什麼角色，它們都將成為你人生最珍貴、最重要的資產。人生大部分的問題，都是自己少了一段探討人性、學習成功、追求卓越的旅程。

先養成求知上進的心和正向積極的態度，再把卓越人士的好觀點、好作法用出來、做出來，最後淬鍊出自己獨有的領悟和體驗——你脫胎換骨了。

求知上進的心就是「我要學習、我要進步、我要更好」的心；正向積極的態度就是「我能、我可以、我做得到」的信心——這兩者是你活出美好和創造卓越成就的開端。

用學習，救自己一把。

用智慧，推孩子一把。

用愛和氣度，拉別人一把。

你活著：學的、做的、勇敢的事，價值就是要不一樣。

你現在：觀點、見解和智慧洞見，高度就是要不一樣。

你能脫胎換骨活出人性正向本質的美好：愛、仁慈、感恩、分享、回饋，你要的幸運和福氣才會到來。你的人性本好沒有激發出來，你的人性本惡「利益薰心、為目的不擇手段、怨恨報復、指責抱怨、言行傷人」就開始做惡多端，讓你惡夢連連，別讓自己跟「惡」的距離愈靠愈近。

會跟惡的距離愈靠愈近，全是因為人類在成長過程中，不是被寵溺就是遭受太多不必要的指責和處罰，這些傷害會被頭腦和人體記憶，烙印在情感深處。人是動物，占有是本性，心思和目光都朝著外面在打量，一切考量皆以自我滿足為首要。

一個人擔心自己方方面面得不到滿足，害怕被指責，恐懼被處罰，擔心輸贏，在乎面子，他就會開始武裝自己，對外採取防衛、攻擊或逃避模式。「惡」就在每個人成長的過程中，慢慢潛入所有人的性格裡，伺機而動。

看不見自己的缺點和盲點，不承認自己的錯誤；錯的是別人，對的是自己。被別人指出缺點和錯誤，會惱羞成怒或極力辯解；習慣性負面思考，總是活在恐懼不安的心境中。慣用負面情緒處理大小事和對待身邊人，無法感同身受別人的感受；為利益，昧著良心，只想著自己好就好。

這些都是人性共同的負向本質，人世間的惡，就是帶著負向本質的人類互咬的結果。好消息是：只要你能夠對自己的思想、情感、行為和話語投以注意力、警覺力、覺察力，讓它們真一點、美一點、善一點，你就能從人性共同的負向本質中跳脫出來，消除或降低「惡」對你的危害。

有一位六十多歲的婦人聽完我的演講，帶著悲傷愁容走到講台找我，說要跟我買書。她開始懊悔過往，自己竟用了「惡」在教養自己的兒子，如今老大生了重病，老二發生意外，情況不樂觀，她說著說著自責了起來，我感受到她的內疚和對孩子的虧欠。我把書贈送給她，希望她能對自己的兒子說聲：對不起。再一起勇敢前行！

看清自己人性「惡」的負向本質，防著點，別讓它對別人做惡多端。

認清人們「惡」的負向本質，勿擾動它，記得避開它、遠離它。

活出人性正向本質的美好，跳脫人性負向本質，惡自然掉落，你脫胎換骨「好」不一樣，這才是正本清源的根本之道。

人性本好，沒有被你激發出來，人性本惡就開始做惡多端。你能跳脫人性負向本質，你才會是個「美」「好」的人。你身邊的人，才會受益於你的「美」與「好」。

人性負向本質就是惡的溫床，所謂的「反省和改進」，就是掃除人性負向本質的塵與垢。

幸福之道：反省和改進、掃塵與除垢——就是這麼簡單。

記住

一個人負向特質程度愈嚴重，與惡的距離就愈近，危害自己和他人就愈大。這樣的人會假藉愛之名，行自私之實。

一個人慣常對孩子和他人生氣指責，表示他的理智和情感的發展明顯有缺陷，在待人處事上，看不見愛的最高價值，總是想錯了方向，用錯了方法。待人處事沒有愛的含量，事情往後的發展，常會與你想要的結果背道而馳，令你大失所望。

智慧提醒

要想活出美麗人生，就必須從人性負向本質中跳脫出來，對自己的思想、情感、行為、話語投以注意力、警覺力、覺察力，揪出作惡多端的「惡」。你能跳脫人性負向本質，你才會是個「美」「好」的人。你身邊的人，才會受益於你的「美」與「好」。別成為徒增自己、孩子、家人和他人煩惱的人，掃除你的「惡」，活出人性本好的那一面。

37 人，大不同；人生，大大不同

——基因、命運、教養方式、自我學習

學習最大目的：讓自己變好。

行動最大目的：讓命運美好。

要，就玩真的：自己不間斷地學習和行動。

家族聚會，有人提到家族中誰的孩子很會讀書，基因很好，成員中有人不服氣跳出來說：家族基因不都是差不多，眾人笑成一團。人和人生，為何大不同？主要有四項關鍵變數：基因、命運、教養方式、自我學習。

- 基因：人無法自行選擇基因。好消息是只要人的智商在正常水平，就能靠著自己的努

力在社會功成名就，我的同學和朋友中不少人成績和能力平平，做事業卻賺了不少錢，即為實例。

命運：有可改變也有不可改變之定數，透過學習、行動和不認輸的意志，人真的可以改變命運扭轉人生，很多勵志故事，證明這個事實。

教養方式：培養孩子自我承擔、自我期許、樂在學習、肯定自我，激發出孩子巨大潛能、鼓勵孩子勇敢逐夢，這種給孩子釣竿釣魚的教養方式，是孩子一生最大的資產。

自我學習：不想依靠父母的安排，不怕出身低，靠自己學出獨特優勢拚出一片天。衡量家庭教養和學校教育成功與否的指標只有一個：教出熱愛學習和勇敢圓夢的孩子。自我學習是人生戰場中最好的武器，任何想扭轉命運的人都應該安裝這個配備。

有位朋友，她的孩子升上高二時打電話來說：她想讓孩子休學，重考高中，原因是她覺得孩子讀高中不認真，她想讓孩子重新開始。這位媽媽從小就操控著孩子大小事，到了高中還不放手讓孩子自己飛。

缺點很多的大人，在當了父母之後，竟搖身一變成了孩子的命運之神。學校的教育和父母陪伴式的教養，最終的目的就是要讓孩子自我學習、自主學習。畢竟，人生的風景自己走出來的最美。

基因、命運、教養方式和自我學習，在這四項變數中，人較能掌控的是後面兩項，也就是教養方式和自我學習，只要在這兩項變數中努力下功夫，大大不同的美好人生獎項，會被你和你的孩子贏得。

獨樂樂，不如眾樂樂。改命造運，與你分享這四項關鍵變數，這不算天機的天機，有智慧的人得之。沒有人知道所謂的天機，如果有人說他知道天機，最好離他遠遠。

人生的「好機會、好機運、好機遇、好機緣」大都會留給愛上學習、受好教育、厚植能力優勢、勇敢開創事業的人。幸運之神正在尋找這樣的人，把「成功幸福錢來」的好福氣送給他。

去學、去做、去參與，讓幸運之神和別人看見你、賞識你，把大大的福氣圈選給你。你能「不間斷地學習和行動」，才會有能力去圈選你要的美好，你的人生才會因此大大地不同。

不要讓先天的基因和命運綑綁你的人生；要用後天的教育和學習創造自己的命運，圈選自己要的美好。

學校的教育可以給你希望和前途，

自己不間斷地學習和行動才能改變命運。

基因、命運、教養方式和自我學習，這四項變數決定每個人大大不同的人生。現在，你已經長大，你能掌控和改變自己人生的唯一方式就是：自我學習。

學習最大目的：讓自己變好。

行動最大目的：讓命運美好。

要，就玩真的：自己不間斷地學習和行動。

記住

所謂的成長：就是「我進步了」。

所謂的成功：就是「我做到了」。
你能掌控和改變自己人生的唯一方式——就是「自己不間斷地學習和行動」。

智慧提醒

人生的「好機會、好機運、好機遇、好機緣」大都會留給愛上學習、受好教育、厚植能力優勢、勇敢開創事業的人。

去學、去做、去參與、去開創，讓幸運之神和別人看見你的好表現、賞識你的好能力，把大大的福氣圈選給你。你能「不間斷地學習和行動」，才會有能力去圈選你要的美好，你的人生才會因此大大地不同。

38 活在進步中

——你的力量在那之中

學習，最怕中斷；進步，最怕停滯。
學習進行中，進步持續中，優勢爆發中。
你看自己和看世界會愈看愈順眼、愈看愈喜歡。
只要你的進步不間斷，你的創造力就會大爆發。
你的力量在你持續進步的行動中被你獲得。

時空安排的緣分，真是令人驚奇。

日前受邀回到小時候的母校擔任親子教育講座主講人，能在自己的母校跟學弟妹家長們分享教育，雀躍欣喜溢於言表。

演講中我提到自己國小時是第一名畢業，這話引起現場驚呼拍手叫好。我說好漢重提當年勇是要告訴你們，贏在起跑點並不是真正的贏家。我說，後來有兩位女同學和兩位男同學都讀得比我好。但，今天我獲邀回母校演講，證明我的人生並沒有輸，結果他們又為我拍手鼓掌。

人生最該擔心的一件事：學習中斷，成長停滯，自己不再進步。

人生最該害怕的一件事：不知道自己要做什麼？找不到自己喜歡做的事。

人生中最可貴的一件事：角色和目標明確，做自己的勇氣。

只有找到熱愛學習的事物，不中斷，人就能在歲月中持續成長，活在歡喜進步的喜悅中，展現與眾不同的能力優勢和獨特魅力。進步的滋味，就是我做到了，我超越自己了，這是人生最大的喜悅。優勢的價值，就是你有東西跟人交換，你得到了你要的美好。

熱愛學習，是為了活出專精優勢的自己。用自己的專精優勢，去做自己喜愛的事，在工作中享受人生，這就是真正的「做自己」。你能拋掉別人加諸在你身上的「應該」，你才會有力量自由揮灑生命的色彩，少一點「你應該要這樣做」；多一點「做自己熱愛之事」，這不僅是做自己，更是愛自己的最高展現。

◆ ◇ ◆ ◇ ◆ ◇ ◆ ◇ ◆

做自己的勇氣，需要你跟隨自己的心、跟隨自己的感受。心會指引你去做對你更好的事，美好感受會告訴你，你這樣做：做得好、做得對。

別人支持你做自己，你要謝謝他，帶著祝福，堅定自己的目標，勇敢前行。別人不支持你，還反對阻撓你做自己，你要自己鼓舞自己，堅定自己的步伐，努力前進。

你有天賦請跟隨它、精進它，與天賦同行。你沒有天賦，那熱愛學習就是你的天賦，去跟隨它與學習同行。與天賦同行或與學習同行，這兩條路都會讓你找到這一生所要扮演的角色和使命。

學習，最怕中斷；進步，最怕停滯。學習中斷，進步停滯，不管你做什麼，你都不會滿意現在的自己和喜歡這樣的人生。

生活中的吃喝玩樂，只能是人生美好滋味的副餐。學習和做自己獨特優勢之能事，才是人生的主菜。主菜：學習進行中，進步持續中，優勢爆發中——上菜囉。

做自己的勇氣，找到自己的使命，演好自己的角色，你看自己和看世界會愈看愈順眼、愈看愈喜歡。只要你的進步不間斷，你的創造力就會大爆發，令人驚喜的是：在廣大的人群中會現身欣賞你的作品和喜歡你的粉絲。這驚奇的美好緣分，會讓你歡呼奇妙人生。

活在進步中——你的力量在那之中。

記住

人生是持續的進行式，去活在「學習進行中，進步持續中，優勢爆發中」。

面對人生最怕的是自己的力量軟弱、微小。
你的力量，在你持續進步的行動中被你獲得。

智慧提醒

你有天賦，請持續深化和提升，把天賦、使命和事業結合起來。
你沒有天賦，請持續學習熱愛的事，天賦會被你重新開發出來。
學習進行中，進步持續中，優勢爆發中。進步的滋味，就是我做到了，我超越自己了，這是人生最大的喜悅。優勢的價值，就是你有東西跟人交換，你得到了你要的美好。

39 人生沒有輸這種事，只有你要贏什麼

——去熱情參與人生的競賽和遊戲

人生沒有絕路，只有你放棄希望、放棄自己。
想要有智慧，就去看看書。
想要有能力，就去經驗歷練新事物。
想要有好心情，就去看看天空、大海、花草和樹木。
想心情不好活得痛苦，就只去接觸人或是不去面對人。
別害怕接觸人，去懂人情世故，這是成功致富和快樂的前提。

走在人來人往的街道上，看著來來去去的臉龐，看到的多是苦悶的表情，彷彿人們剛剛跑去輸掉了大好人生。

走進人與人的對話世界，聽見的多是抱怨、批評和怪罪的話語，彷彿大家都是他人和命運的受害者。

走進螢幕世界，看見的畫面和劇情，盡是暴力、激情和怪力亂神，演的都是耍賤耍狠耍心機的邪惡人性。大夥樂此不疲花錢花時間拚命讓頭腦接收垃圾訊息，讓靈魂吃進負面情緒毒素。

人類趨之若鶩的感官娛樂，弊大於利是它的投資報酬率。

想要有智慧，就去聽聽演講、看看好書；想要有能力，就去經驗和歷練新事物；想要生活有美感，就去玩玩樂器、學學藝術創作；想要有好心情，就去看看天空、大海、花草和樹木；想心情不好活得痛苦，就只去接觸人、就只去聽去說閒言和閒語、就只去看毒化身心靈的文字劇情和螢幕畫面。

人生最好的策略：改進自己。

人生最好的態度：進步心態。

人生最好的成就：活得快樂，贏得精彩好評。

要贏只有一個作法：去學習、去行動、去經歷。想辦法贏，是你的任務；活得快樂、贏得精彩口碑是你的責任。

人生沒有輸這種事，只有你要贏得什麼？

贏，要贏得好評——你會做事。

活，要活得快樂——你會做人。

做人要：贏得信任，贏得敬重，贏得快樂，贏得受人喜愛，贏得心安自在。

做事要：贏得金錢，贏得口碑，贏得品牌價值，贏得榮耀，贏得成就感。

唯有熱烈地去參與人生這場競賽和遊戲，玩得快樂、表現精彩，人生大贏家才會是你。

贏家在舞台上在鎂光燈下、在人來人往的街道上、在群體聚會的場合中、在天空下悠閒地漫步裡，神采奕奕、氣質非凡、笑臉迷人——我看見是你。

你是大贏家，大好人生，你贏了。

大贏家：就是用正能量的磁場吸引美好活出快樂，用自信優勢的力量創造成功財富的人。

記住

人生沒有輸這種事，只有你要贏得什麼？
人生沒有絕路，只有你放棄希望、放棄自己。

智慧提醒

別只接觸人，要多接觸好書和大自然，書給你幸福的智慧，大自然給你美的感受。只接觸人，人會擾亂你的心情和攪壞你的人生。

別害怕接觸人，要懂得人情世故：笑臉迎人、親切問候、熱情洋溢、讚美傾聽、善於鼓勵、分享美好、給予禮物、積極態度、樂觀話語、暖心舉動、擄獲人心，你就是人際高手。人情世故是保護自己和相互共好的人性智慧，皆大歡喜是它的迷人之處。去喜歡人群，要懂得人情世故，這是成功致富和幸福快樂的前提。

想幸福：請你別只接觸人也別害怕接觸人——人生的奧祕，那智慧比你的思想邏輯更高更大。

40 為什麼會有我？

——活出天賦才能的人，會找到活著的使命

讓世界有我，真好；你的世界有我，好好。

你體內有巨大才能——它是你的天賦，活出來。

你的才能、你的事——老天為你，做了最好的安排。

活出天賦才能，讓他人受益於你的價值，成功幸福錢來，為你而來。

生命鑿不出天使，就會刻出討厭鬼。

在我十幾歲的時候，頭腦裡時常跑出一個令人想不透的問題：為什麼會有我？老天誕生我有何目的？年少無知的我，問了一個生命最高哲思的問題，直到不惑之年，終於找到這個問題的最佳解答：活出天賦才能。

潛在巨大的才能每個人都有，在你出生的時候造物主就把它放在你的身體裡，等候著你活出它來，就像米開朗基羅從岩石中鑿出雄偉的大衛像。巨大才能，就是每個人的天賦，活出天賦才能的人就會找到當人的使命。當你做的工作和扮演的角色是自己的使命，「樂活人生」由此定義。

幸運的人，天賦才能會被別人培育激發出來——自己愈努力愈幸運。

好運的人，天賦才能會被自己發掘創造出來——自己愈學習愈好運。

不幸的人，潛能被人糟蹋、被自己放棄。

我不會、我做不到、我沒有天分、我不聰明、我不夠好……這些話若是變成一個人的自卑反應和自我標籤，證明他被錯誤地教養，同時他已選擇過著自我放棄的人生。

生命鑿不出可愛天使，就會刻出討厭鬼。

潛在巨大的天賦才能需要有人激發，不是別人就是自己。父母、老師和教練的角色，就是要激發他人巨大的潛能，這需要智慧的作法和資源的促成。當你有了巨大才能，生命中的舞台和賞識你的人就會出現。

當你糟蹋、浪費自己巨大的潛能，你不會滿意和喜歡人生的安排，同時你不會明瞭老天誕生你的目的何在？為什麼會有你？

當你活出了巨大才能，屆時你才會明白，老天已經為你的才能和你的事做了最好的安排。人體巨大的天賦才能有兩種：

一種是讓你綻放精彩的創造力。

一種是讓你透徹人生的覺醒智慧。

巨大才能為你所有，去學、去讀、去活出它來，你就會明瞭老天誕生你的美意。現在就問自己一個問題：為什麼會有我？老天誕生我有何目的？這一生我要來地球做什麼？我們的答案都要「美」「好」一點。

活出天賦才能，讓他人受益於自己的貢獻價值，這世界有我，真好；你的世界有我，好好。這是我的答案。這答案：一百分。

在近日的一場演講中，有位年長的聽眾，感歎自己老了、沒有用了，不知為何而活，只能過一天算一天，言詞和語氣充滿人老的無奈。

生命最高智慧：歡喜活著，平靜接受發生的一切。不張揚、不炫耀、不虛榮自己的名和利，不沉溺人間的悲傷，跟命運的源頭力量和諧共舞。思想：我要學習、我要進步、我要更好。情感：洋溢好心情，讓人快樂，給人好感覺。行為：利益他人、成就自己。話語：樂觀、幽默、正向，讓人舒服自在。

樂活人生的人，永遠走在學習、進步和創造美好的路上。人的一生只有學習沒有畢業；只有轉換沒有退休；只有創造和接受，沒有後悔。笑笑地活在當下，像花綻放美麗，一天美麗一天——這是我回應那位老先生的生命答案。

幸福在幸運和福氣裡，從命運的源頭下功夫，讓花開，成功幸福錢來。

成為富有的成功者和幸福的智者，一天幸福一天——這是我要給你的祝福。

祝福你：一輩子活在成功富裕、幸福快樂的喜悅裡。

記住

笑笑地活在當下，像花綻放，一天美麗一天——這是老天誕生你的美意。
成為富有的成功者和幸福的智者，一天幸福一天——這是老天誕生你的本意。

智慧提醒

你體內有巨大才能——它是你的天賦，去活出它來。
活出天賦才能的人，才會找到活著的使命。
當你做的工作和角色是自己的使命，綻放精彩的「樂活人生」由此定義。
你的才能、你的事，老天為你做了最好的安排：只要你活出天賦才能，讓他人受益於你的貢獻價值，成功幸福錢來，自然為你而來。

結語

兩個夢，一個真實

所謂的人生，就是：自己人體美好的存活、家人的幸福、孩子的良好教育、對他人和世界的正向貢獻，這些真真實實的追求和得失，就是人生酸甜苦辣的滋味。

面對人生，並不是一句「生命是幻相，世事本無常，一切如夢幻泡影」，只要不執著就能解決生命一切課題這麼簡單。人生要活得好，每個人都需要擁有愛、金錢、能力和智慧洞見。金錢，或許父母可以給你；愛、能力和智慧洞見只有自己才能給自己，一個永遠走在學習和進步路上的自己，才值得配得擁有它們。

人生兩個夢，一個是讓「美麗夢想實現」；一個是「從惡夢中醒來」。

實現美麗夢想，讓自己和他人都能真實地感受到「你的生命正綻放著美麗價值」，這是人活著最基本的意義。

從惡夢中醒來，就是要中止頭腦胡亂想像、心恐懼不安的痛苦狀態。人生三大苦：貧窮、疾病、負面思維。從惡夢中醒來，這個惡夢指的就是去中止你不受控的負面思維。

《讓花開，成功幸福錢來》這本書的價值是要讓你活出美麗人生，實現目標和夢想，做個幸福的有錢人；同時也要幫助你中止腦海恐懼不安的想像情節，從負面思維的痛苦時空中跳脫出來，回到每個平靜歡喜的當下美麗時光。

兩個夢，一個真實：兩個夢就是「美夢成真」和「惡夢停止」；「一個真實」講的是無美夢也無惡夢的覺醒狀態和滋味。想對「自我覺醒」瞭解更多，推薦您閱讀《52個覺醒的練習》。

後記

人生最棒的享受：你正需要的一場演講

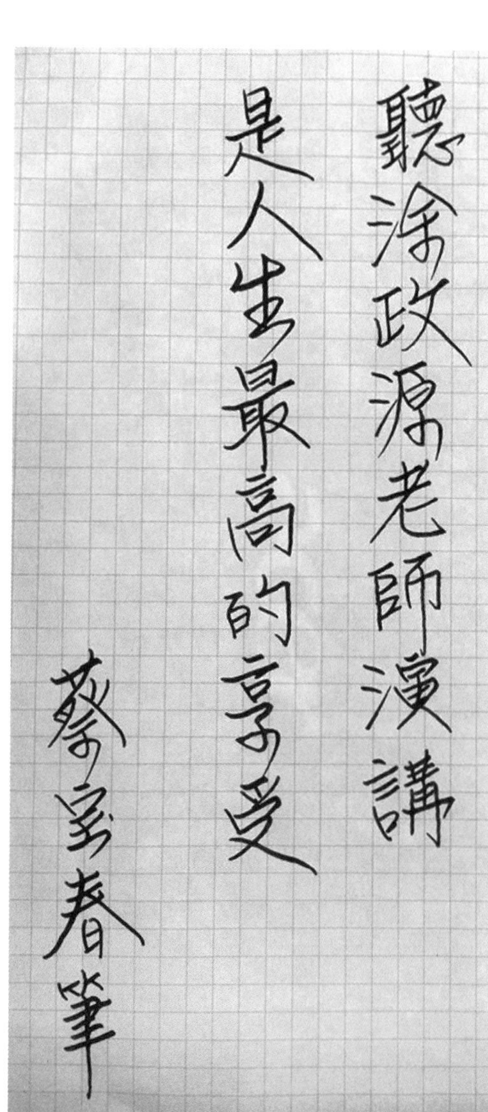

致謝

你是我生命美好的理由

感恩父母為我的生命拉開美麗序幕。

感謝老婆和兩個可愛的孩子，在愛裡與我幸福連結。

感謝滄堯、雪英，你們是最好的夥伴。

感謝樹田、俊良、建尹、雅惠、裕晃、素杏、正明、淑勉、原豪、文雄、昌茂、春珠、振發、國譯、俊龍、世閎、文祥、國祥、豐銘、嘉文、宗德、明鴻、景帝、志昕、振生、淑暖、立民、淑麗、容輝、癸楠、慶晧、桂珠、育民、憲昌、美玲、Julie校長、湘淇、德舜教授、合一之境美好生活喜悅空間負責人：邱雅慧老師。感謝你們揪團買我的書、推薦我講課、邀請我演講。

感謝昌瑞指導教授。

感謝吳樹林老師賞識之情。

感謝柿子文化出版社全體同仁、林許文二總編輯、高煜婷主編、胡琡珮編輯，謝謝你們讓我寫的書在柿子文化綻放精彩。

感謝購買這本書的你。

你是我生命美好的理由。

Joyful Life
10

Joyful Life
10